图说天下 · 国家地理系列

今生要去的100个中国5A景区

郝娟菡 著

北京联合出版公司
Beijing United Publishing Co.,Ltd.

图书在版编目（CIP）数据

今生要去的 100 个中国 5A 景区 / 郝娟菡著 . -- 北京 : 北京联合出版公司，2017.6（2021.6 重印）

（图说天下 . 国家地理）

ISBN 978-7-5596-0413-2

Ⅰ . ①今… Ⅱ . ①郝… Ⅲ . ①旅游指南－中国 Ⅳ . ① K928.9

中国版本图书馆 CIP 数据核字（2017）第 108394 号

JINSHENG YAOQU DE 100 GE ZHONGGUO 5A JINGQU

今生要去的100个中国5A景区

著　　者：郝娟菡
选题策划：
责任编辑：肖　桓
文图编辑：王玉敏
美术编辑：何冬宁
封面设计：周　正
版式设计：罗筱玲
图片提供：视觉中国
北京全景视觉图片有限公司

北京联合出版公司出版
（北京市西城区德外大街83号楼9层 100088）
北京天宇万达印刷有限公司　新华书店经销
字数180千字　787毫米×1092毫米　1 / 16　12印张
2017年6月第1版　2021年6月第4次印刷
ISBN 978-7-5596-0413-2
定价：19.90元

前言 Foreword

浩浩中华，自古就受造物之神的钟爱，大自然的鬼斧神工，造就了多少美丽的传说。山，有的俏丽，有的雄浑；水，有的激荡，有的多情；巍巍高原上，平湖如镜；万仞山峰中，怀抱深潭；急瀑一泻千尺，飞珠溅玉；大河浩浩汤汤，气势磅礴。这千种风姿，万种柔情，在李白的诗篇里，在徐霞客的脚下，更应该在你的眼中、你的心中。

泱泱华夏，历史的脚步中遗留多少奇迹。千古帝王，把不老的传说融入泥塑；煌煌盛唐，把崇佛的心愿刻入石壁；秦淮河上的歌声，随河水唱了千年；长城上的烽烟，湮灭了多少刀光剑影。这些凝固的历史，美得厚重，也美得深沉。

人生如寄，倏忽而逝，不欣赏天地造化、世间奇景岂不虚度？不到九寨，不知水色可以如此梦幻；不登黄山，不知山峰可以如此奇险，又如此妩媚；不到故宫，不知皇家风范如此威仪庄严；不到周庄，不知水乡可以如此多情。拥有一段徜徉山水间的诗酒岁月，才叫青春；怀有一颗行走古今的知性灵魂，方得自由。去吧，在西湖边漫步，在黄金海岸奔跑，在漓江上泛舟，在香格里拉沉默……你将不再是那个一成不变的你，你会变得丰富、充盈，你融入了风景，风景也改变了你。

这本书从全国近两百个5A级风景旅游区中精选出一百个，其中32个细致描绘，68个简略介绍，为你呈现一个全方位的大美中国。人生路自脚下始，走吧，不要停，前方有更美的风景！

contents 目录

Chapter 1

不朽的民族瑰宝

Chapter2

造化钟神秀

Chapter 3

人间绝美胜境，任思绪飞扬

Chapter 4

巍巍山岳，叹为观止

Chapter 5

邂逅慢时光，寻找最宁静的自己

Chapter 6

城市风情，不一样的烟火

Chapter
1
不朽的
民族瑰宝

Gu Gong

故宫，大美无言，黯淡了时光

在北京的市中心，有一片浩瀚的殿宇之海，那就是故宫。琉璃瓦覆盖下的庄严大殿，见证了文明国度的瑰丽与辉煌；深深的庭院，漫长的永巷，诉说着数百年的风雨沧桑。这里每一处都是匠心独具的艺术杰作，每一处都有说不完的故事……

故宫位于北京市中心，也称“紫禁城”，是明清两代的皇宫。它占地面积达72万多平方米，建筑面积约为15万平方米，有殿宇宫室9000多间，被称为“殿宇之海”，极为壮观。

紫禁城从整体上来看，分为中、东、西三路。其中起主要作用的是纵贯南北的中路轴线。这条轴线由南到北，先排列着五座城门，它们分别是大明门（清代叫大清门，今日的正阳门）、承天门（清代以后叫天安门）、端门、午门和太和门。太和门以北则是三大殿：太和殿、中和殿和保和殿，这是皇帝举行大典、召

见群臣的地方。再往北就是内廷了，内廷以乾清宫、交泰殿和坤宁宫为中心，是皇帝居住并处理日常政务、后妃皇子居住和祀神的地方。

紫禁城的正门是午门。明、清时出入午门有严格的等级规定，正门只供皇帝出入，此外只有皇后大婚入宫时可走一次。进士前三名在殿试放榜后出紫禁城也可走一次。平时文武官员从东偏门出入，王公国戚从西偏门出入。每年入冬第二个月的十日，皇帝在午门举行颁布历书的典礼。每当军队凯旋时，皇帝要挑选日子在午门举行受俘礼。每年正月十五，午门还要悬灯，赐宴百官，皇帝亲临观灯，与大臣作诗。以前电视剧里常有“推出午门斩首”等话语，其实明清皇宫门前极其森严，犯人“斩首市曹”绝非此地，而是必须押往柴市（今西四）或菜市口等地刑场处决的。

▲保和殿后御路石雕

▲乾清门及其广场

庄严和谐的建筑形式

故宫建筑体现了中国传统思想的精髓，严格按《周礼·考工记》中“左祖右社，面朝后市”的帝都营建原则建

太和殿侧面

午门

午门正中门楼左右的两座阙亭，内设钟鼓。何时鸣钟，何时击鼓，都有规定。皇帝祭祀坛庙出午门鸣钟；皇帝祭祀太庙时击鼓；皇帝升殿举行大典时则钟鼓齐鸣。

❶ 太和殿
❷ 故宫角楼
❸ 保和殿
❹ 中和殿
❺ 故宫九龙壁

九龙壁属于影壁的一种，是汉族建筑物大门外正对大门以作屏障的墙壁，俗称照墙、照壁。

造。在建筑布置上，用形体变化、高低起伏的手法，组合成一个整体。在功能上符合封建社会的等级制度，同时达到左右均衡和形体变化的艺术效果。

故宫前部宫殿，当时建筑造型要求宏伟壮丽，庭院明朗开阔，象征封建政权至高无上，太和殿坐落在紫禁城对角线的中心，故宫的设计者以此来显示皇帝的威严震慑天下。后部内廷却要求庭院深邃，建筑紧凑，因此东西六宫都自成一体，各有宫门宫墙，相对排列，秩序井然，再配以宫灯联对，绣榻几床，体现了皇家生活的豪华。内廷之后是宫后苑。后苑里有岁寒不凋的苍松翠柏，有秀石迭砌的玲珑假山，楼、阁、亭、榭掩映其间，幽美而恬静。

故宫的设计与建筑，实在是一个无与伦比的杰作，它的平面布局，立体效果，以及形式上的雄伟、堂皇、庄严、和谐，气势雄伟、豪华壮丽，是中国古代建筑艺术的精华。

▶故宫中的石雕——螭

巍峨雄伟的三大殿

进了午门便真正进了紫禁城，首先要跨过内金水河，前面是一片开阔的广场，正中有个宫殿式的大门。故宫里所有的门其实就是一个宫殿式的建筑，这个门叫太和门，门两旁蹲坐着一对大青铜狮，这一对狮子号称中华第一狮，威风八面。

太和门内豁然开朗。在这个3万多平方米的大庭院中，分布着太和殿、中和殿、保和殿，统称三大殿。这三座大殿是故宫中的主要建筑，它们高矮造型不同，屋顶形式也不同。

太和殿俗称“金銮殿”，殿高35.05米，建筑面积约2377平方米，是紫禁城诸殿中面积最大、规格最高、最富丽堂皇的建筑。太和殿是皇帝举行重大典礼的地方。如皇帝登基即位、皇帝大婚、册立皇后、命将出征，此外每年万寿节、元旦、冬至三大节，皇帝在此接受文武官员的朝贺，并向王公大臣赐宴。清初还曾在太和殿举行新进士的殿试，乾隆后期改在保和殿举行，“传胪”仍在太和殿举行。

中和殿位于太和殿后，是皇帝去太和殿举行大典前稍事休息和演习礼仪的地方。在去太和殿之前，皇帝会在这里稍微休息片刻，接受内阁大臣和礼部官员行礼，然后进太和殿举行仪式。除此之外，在皇帝祭祀天地和太庙之前，也要先在这里审阅祝文。

保和殿在中和殿后，明清两代用途不同。明代大典前皇帝常在此更衣，册立皇后、太子时，皇帝在此殿受贺。清代每年除夕、正月十五，皇帝赐宴外藩、王公及一二品大臣。赐额驸之父、有官职家属宴及每科殿试等均于保和殿举行。

偌大的三大殿，为什么周围连一棵树都没有呢？这主要是烘托意境的需要，为了突出宫殿的威严气势，建筑上采取了许多手法，其一便是院内不植树，从皇城正门天安门起，经端门、午门、太和门，这之间的一系列庭院内都无树木（现在端门前后的树是辛亥革命以后种植的）。当时人们去朝见天子，进入天安门，经过漫长御

道，在层层起伏变化的建筑空间中行进，会感到一种无形的、不断增长的精神压力，最后进入太和门，看到宽阔的广场与高耸在三重台基上的巍峨大殿，这种精神压力达到顶点。如果在这些庭院内都种上树，绿荫宜人，小鸟啁啾，那将会破坏朝廷的威严氛围。

❶ 雪后故宫
❷ 故宫中的铜狮
❸ 故宫正大光明殿

富丽堂皇的后三宫

内廷以乾清宫、交泰殿、坤宁宫为中心，东西两翼有东六宫和西六宫，是皇帝处理日常政务之处，也是皇帝与后妃居住生活的地方。

内廷中建筑规模最大的是乾清宫。作为明代皇帝的寝宫，从永乐皇帝朱棣至崇祯皇帝朱由检，曾经在这里居住的皇帝一共有14位。在清代康熙皇帝之前，这里沿袭了明代的制度，清代顺治、康熙年间，皇帝在这里读书学习、批阅奏章、召见官员、接见外国使节以及举行内廷典礼和家宴。从雍正皇帝到养心殿居住之后，这里主要用作皇帝召见廷臣、批阅奏章、处理日常政务、接见外藩属国陪臣和岁时受贺、举行宴筵……

交泰殿含“天地交合、康泰美满”之意。其最初是在明朝时期建立的，在清嘉庆三年重修，它是座四角攒尖，镀金宝顶，龙凤纹饰的方形殿。在明朝和清朝的时候，交泰殿是皇后举办祝寿活动的场所。除此之外，清代的“宝玺”也收藏在这里。

穿过交泰殿便来到坤宁宫，这里在明朝时是皇后的寝宫，清朝时是皇帝大婚的洞房。现在坤宁宫的摆设都是按光绪帝结婚时的原样复原的。

在坤宁宫的北面是御花园。御花园里有高耸的松柏、珍贵的花木、山石和亭阁。御花园原名宫后苑，占地11000多平方米，有建筑20余处。以钦安殿为中心，园林建筑采用主次相辅、左右对称的格局，布局紧凑、古典富丽。殿东北的堆秀山，为太湖石迭砌而成，上筑御景亭，名为万春亭和千秋亭的两座亭子，可以说是目前保存的古亭中最为华丽的。

幽深神秘的东西六宫

东西六宫是明清后妃居住的地方，分别位于乾清宫、交泰殿、坤宁宫即后三宫的东西两侧，对称而建。现在东六宫大都改为古代艺术品陈列馆，其中有明清工艺美术馆、陶瓷馆、青铜器馆、钟表馆、绘画馆、珍宝馆。以参观珍宝馆和钟表馆的人数最多。

西六宫是清代后宫妃嫔的住处，包括储秀宫、翊坤宫、永寿宫、咸福宫、长春宫和太极殿。慈禧太后大半生居住在这里，尤其储秀宫是她一生中最重要的宫院。她出于个人的需要，将储秀宫和前面的翊坤宫打通，在拆除隔开两宫的宫墙和宫门后，又于原地新建一座体和殿，作为翊坤宫和储秀宫的连接之殿。

故宫西部地区可谓“女性的世界”，2015年之前一直紧锁宫门，显得那样神秘。宫中女性时间充裕，所以这里花园多、佛堂多，故宫70多座佛堂中相当一部分集中在西部地区。慈宁宫作为后妃们主要的礼佛场所，目前已修缮一新，2015年10月11日正式开放。

神武门的来历

从御花园出顺贞门，就到了紫禁城的北门神武门。神武门建于明永乐十八年（1420），明代称玄武门。玄武与青龙、白虎、朱雀同为古代四神灵，玄武主管北方，所以古代城池的北门为玄武门。清康熙年间重修时，因避康熙帝玄烨名讳改称神武门；神武门是皇宫的后门，是宫内日常出入的重要门禁，明清两代皇后行亲蚕礼即由此门出入。1924年逊帝溥仪被逐出宫，出宫之时亦由此门离去。从1925年故宫博物院成立至今，“故宫博物院”牌匾悬挂于此。

Chang Cheng

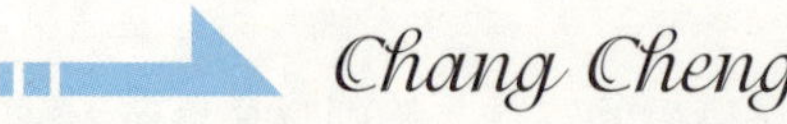

万里长城，苍茫天地间的千年守望

“不到长城非好汉”这一句通俗易懂、略显霸气的语句，生动阐述了长城在中国乃至全世界的影响力。国内外游客无不慕名而来，外国政要访华也必登长城，叹服其壮美。长城，在一定意义上已经成了中华民族的象征。

❶ 八达岭长城
❷ 长城敌楼
❸ 长城敌楼
❹ 八达岭长城上的“神威大将军”炮
❺ 长城夕照

长城，是中国人的图腾。它的修筑经历了古代好几个不同的时期。早在春秋战国时期，各国为了互相防御，便在自己的管辖境内筑起城墙。其中，秦、赵、燕三国都和中国北方强大的游牧民族匈奴毗邻。为了抵御匈奴的入侵，保卫人民的安全和生产，各自在北方修筑了长城，派军队驻守。

公元前221年，秦始皇灭六国，统一中国。为了防备匈奴，派大将蒙恬修筑长城，把从前秦、赵、燕的长

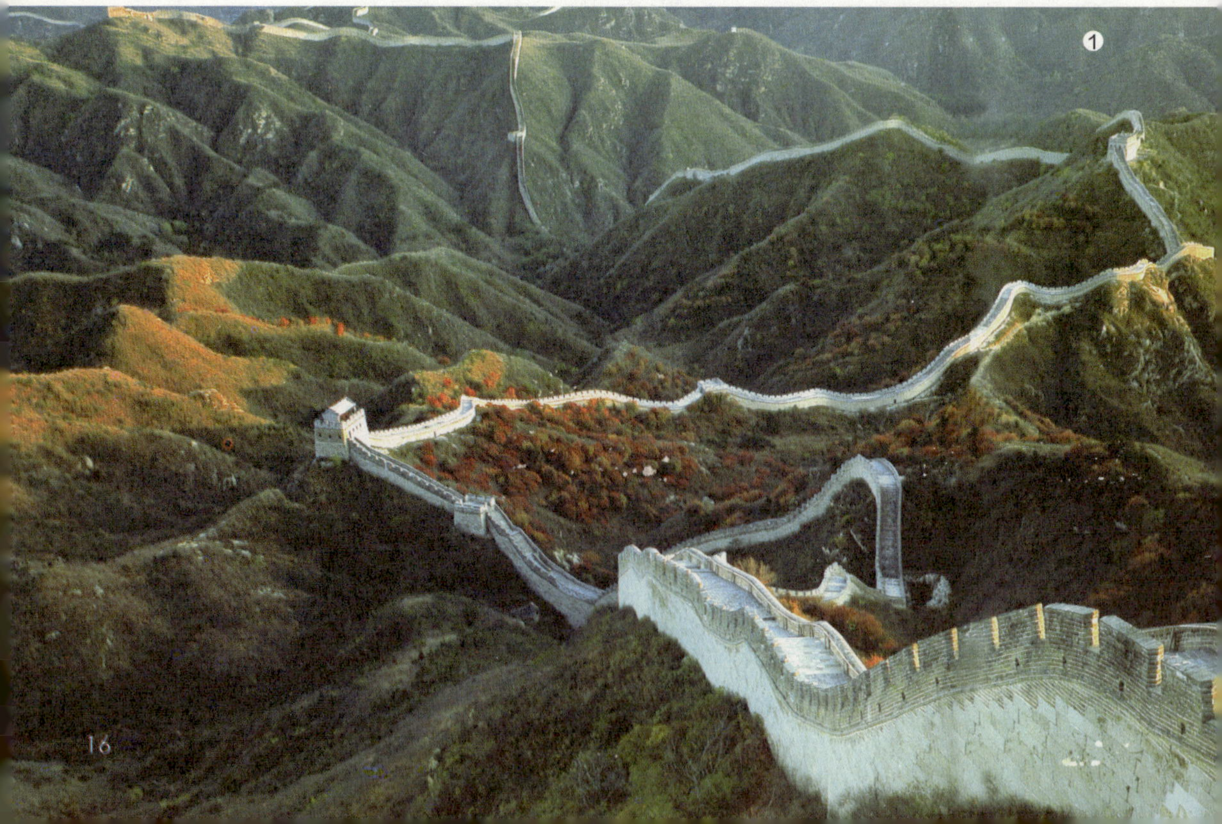
❶

城连接起来，并加扩建，建成了一条西起陇西郡的临洮，东至辽东的雄伟长城，史称“万里长城”。

秦朝以后，汉、北魏、北齐、北周、隋、辽、金、明等多个王朝和诸侯国，又先后修筑或增筑长城，其中以汉朝和明朝规模最大。

汉朝初年，匈奴不断南下侵扰汉朝的北方。公元前2世纪，汉武帝派兵把匈奴赶到漠北，同时，进一步加强北方防卫，把秦时沿黄河的长城加以修缮，并向西延长了2000多里，一直延伸到酒泉、敦煌以西，远达盐泽(今新疆罗布泊)。这段长城被称为河西长城。

公元1368年，明太祖朱元璋派大将军徐达督促修筑从古北口到山海关一段的长城。此后一百多年，大规模的修筑长城达18次，方才完工。明长城东起辽宁丹东鸭绿江边的虎山，西到甘肃嘉峪关，全长6350千米。明长城具备三个特点：筑构完备，管理完善，布局严密。今天人们熟知的八达岭长城、慕田峪长城都属明长城。

②

③

④

⑤

八达岭长城

八达岭是峰峦叠嶂的军都山脉的一个隘口。八达岭长城为居庸关的重要前哨，古称“居庸之险不在关而在八达岭”。这里自古以来就是通往山西、内蒙古、张家口的交通要道。1998年，八达岭高速公路建成通车，交通十分便利。而且，八达岭的年平均气温比北京低3℃以上，成为“夏都”延庆的旅游龙头。

八达岭的关城为东窄西宽的梯形，建于明弘治十八年（1505），嘉靖、万历年间曾修葺。关城有东西二门，东门额题“居庸外镇”，刻于嘉靖十八年（1539）；西门额题“北门锁钥”，刻于万历十年（1582）。两门均为砖石结构，券洞上为平台，台之南北各有通道，连接关城城墙，台上四周砌垛口。京张公路从城门中通过，成为通往北京的咽喉。

北八楼是八达岭长城海拔最高的楼，高达888.9

温馨提示

1.居庸关长城、水长城、红叶谷，都不是真正的世界遗产“八达岭长城”。

2.长城地势险峻，攀登时注意安全。穿上登山鞋或运动鞋；打算在长城附近过夜的游客，记着带上厚衣服。

▲金山岭长城

金山岭长城位于河北省滦平县巴克什营镇东南8千米处，因建在大小金山之上而得名。障墙、文字砖和挡马石是金山岭长城的三绝，素有“摄影爱好者的天堂”美誉。

米，建筑也很有特色。原来还可登上敌楼观山望景，但目前为了保护文物封了楼门。

从关城城台到南峰的最高处南四楼，城墙长685.8米，高度上升142.4米，特别是南三楼至南四楼之间，山脊狭窄，山势陡峭，长城逶迤400多米。城顶最险处，坡度约为70度，几乎是直上直下。南峰长城以南四楼地势最高，海拔803.6米。登楼眺望，长城自西南向东北蜿蜒于山脊之上，宛如苍龙，宏伟壮观。

“八达岭”名称的由来

“八达岭”之名是怎么来的呢？有人说是“八大岭”的谐音。因这一带山峦层叠，地势险峻，据说所建的长城在这里要

❶ 长城之夏
❷ 秋染长城

转八道弯，越过八座大的山岭，当年兴建这段长城很艰难，工期迟迟完不成，曾先后有八个监工为其而死。最后通过仙人的点化，采取“修城八法”，即“虎带笼头羊背鞍，燕子衔泥猴搭肩，龟驮石条兔引路，喜鹊搭桥冰铺栈”，才把建筑材料运送到山上。所以人们就把这段长城称为“八大岭长城”，后来地名就谐音成“八达岭”。

也有人说是由“八道岭”谐音而得名。传说明末李自成率起义大军征战到此，

▲长城依山而建，可以利用山势更好地防御敌人。

受阻于长城之外，李自成心急如焚。这时探马来报，说前方还有八道险关。李自成听罢长叹一声：“这里的八道岭实在是难以越过，看来强攻是不行！”于是命令起义大军改道而去，后来这里被称为“八道岭”。

以上说法没有确切的文字记载，难以考证。其实最可信的说法，应是《长安客话》中的解释：“路从此分，四通八达。”因为八达岭是居庸关的外口，北往延庆、赤城、内蒙古，西去张家口、怀来、宣化、大同，东到永宁、四海，南去昌平、北京等地区，可谓是四通八达，所以它是古代一条重要的交通要道和防卫前哨，素有“京北第一屏障”之称。

慕田峪长城

▼慕田峪长城夜景

慕田峪位于北京市东北的怀柔区，自古以来

▲雾锁慕田峪

就是拱卫北京的军事要冲，此段长城西接居庸关，东连古北口，是明代重要关口之一，被称为“危岭雄关”。慕田峪景区群山环抱，满山青翠，植被覆盖率达90%以上，与八达岭相比，雄伟稍逊，秀丽过之。2011年作为八达岭长城扩展景区部分晋升为国家5A级景区。

慕田峪长城的关门两侧是沿山脊升起的，随山势翻转。险要之处还修有炮台。明代在重修慕田峪长城时，在墙顶的两侧都加修了垛口，还同时新设置了滚木雷石石孔，可攻可守。而修筑“刀把楼”，可控制制高点，减少对主城的威胁。慕田峪长城从正关台左侧起，随山势翻转，奔向远方。长城由山腰直伸山顶，在山顶立一敌楼后，又突然下降，翻身向下返回山腰，又骤然升起，直到海拔940多米的地方，绕了一个大弯，其形状酷似牛犄角，苍劲雄浑，人们把它称之为“牛犄角边”。长城从“牛犄角边”继续往前延伸，经过一个名叫“箭扣”的地方，这里是已达海拔1044米的山峰，两侧陡峭如削。在修筑长城时，必须从山头的外侧断崖绝壁上通过，又不能把这个制高点留在外面，使用砖石、木材显然都不行。于是聪明的能工巧匠们，用了两根大铁梁担在断崖之上，上面再垒砌砖石，这种方法在整个长城修建史上极为罕见。

在慕田峪长城东侧，长城本来是顺山势伸向东北。可是到一敌楼处突然分出约1000多米的地段，另辟蹊径摆向东南方向，山势尽处，突然终止，在尽头处修了一个甚是坚固雄伟的敌楼。这段千余米的长城被人们称之为“秃尾巴边”。这样长城在此处就形成了三道长城汇于一楼，“三面极目观巨龙”的景观。

慕田峪长城的游人相对较少，外国游客更愿意到这里来。这里多了一份清幽之美。对于驴友来说，慕田峪长城和尚未开发的箭扣长城更具诱惑力。

Bing Ma Yong

兵马俑，一个不老的传说

兵马俑是秦始皇陵的一部分，它规模宏伟，造型逼真，气势磅礴，似乎在坚定地保卫着秦始皇地下王国的安全。“不看兵马俑，等于没来中国”，这是很多外国游客发出的赞叹。从这些话语中，我们不难看出它的历史价值及艺术价值。

▲战袍武士俑

战袍武士俑为轻装步兵俑，出土于一号俑坑。身穿交领右衽长衣，腰束革带，下穿短裤，足登方履。

秦始皇兵马俑从葬坑位于陕西省西安市临潼宴寨乡，在秦始皇陵园东侧1500米处。这是一个浩大的地下军事博物馆，被誉为世界第八大奇迹。这么大的一片陪葬坑是怎么被发现的呢？1974年春天，当地几个农民在地里打井时，从两米多深的地下挖出陶俑人头的碎片，一时议论纷纷。这一偶然发现，引起了考古部门极大的重视，从此揭开了尘封地下两千多年的文化宝库。

兵马俑陪葬坑坐西向东，三坑呈品字形排列。最早发现的是一号俑坑，呈长方形，东西长230米，南北宽62米，深约5米，总面积14260平方米，四面有斜坡门道，左右两侧又各有一个兵马俑坑，现称二号坑和三号坑。据考古学家考证，一号俑坑是右军，二号是左军，没有兵马俑的四号坑是中军，三号坑是统率左、中、右军的指挥部。合计有陶人陶马七八千件，简直是一支地下大军。

秦始皇兵马俑陪葬坑，是世界最大的地下军事博物馆。俑坑布局合理，结构奇特，在深5米左右的坑底，每隔3米架起一道东西向的承重墙，兵马俑排列在墙间空当的过道中。

这些兵马俑，都是秦始皇陵墓陪葬的一部分。古代的人们，尤其是帝王，相信死后有灵，于是把生前使用

▲铠甲武士俑

过的器物，尤其是金银财宝，带到坟墓里去。除此之外，还要殉葬，最初是人殉，后来改用陶俑了。这就是兵马俑的由来。

1979年10月1日，兵马俑博物馆正式开馆，在全世界引起了轰动。法国前总统希拉克曾在20世纪80年代参观兵马俑，给予高度评价，称之为“世界第八奇迹”，这一说法从此不胫而走。

千军万马，气势磅礴

秦始皇陵内共有3个兵马俑坑，呈“品”字形排列。

一号坑规模最大，占地1.4万平方米。坑内有10道宽2.5米的夯筑隔墙，形成南北面阔9间，周围绕以回廊的格局。

现已发掘出土陶俑1000余尊，战车8辆，陶马32匹，各种青铜器近万件。陶俑身高1.7米左右，最高的1.9米。陶马高1.5米左右，战车与实用车的大小一样。秦俑大部分手执

温馨提示

1.在兵马俑景区游览及检票时，一定要有序排队、照顾好老弱病残并看管好自己的孩子以防走失。

2.观赏完兵马俑，广场上有免费的摆渡车观赏秦始皇陵，一票通用。

▲二号铜车马

名为“安车”，分为前后两室，前室较小，仅供驭手一人乘坐。上罩一个穹隆式的篷盖，状如龟甲，前后室均罩于篷盖之下，具有防风避雨、防尘防晒的实效。驭官俑身佩长剑，踞坐于车前室，手中握着辔索。后车室内没有发现兵器，舆内仅置有铜方壶和铜折页各一件，舆底为类似于古车软垫的“文茵”方形大铜板。

青铜兵器，有弓、弩、箭镞、铍、矛、戈、殳、剑、弯刀和钺。青铜兵器因经过防锈处理，埋在地下2000多年，至今仍然光亮锋利如新，它们是当时的实战武器。根据出土兵俑的排列密度估计，一号坑共埋葬兵马俑6000余件。凭栏俯视，东端3列步兵俑面向东方，每列68尊，是军阵的前锋；后面战车和步兵相间的38路纵队构成军阵主体；俑坑南北两侧和西端各有1列分列面南、面北和面西的横队，是军阵的翼卫和后卫。队伍整肃，装备齐全，威风凛凛。

二号坑位于一号坑北侧约20米处，总面积约6000平方米，是秦俑坑中的精华。坑内建筑与一号坑相同，但布阵更为复杂，兵种更为齐全，是三个坑中最为壮观的军阵，它是由骑兵、战车和步兵（包括弩兵）组成的多兵种特殊部队。二号坑有陶俑陶马1300多件，战车80余辆，青铜兵器数万件，其中首次发现的是将军俑、鞍马俑、跪姿射俑。

二号坑由四个单元组成：第一单元即东边突出部分由持弓弩的跪式和立式弩兵俑组成；第二单元即俑坑南半部由驷马战车组成车兵方阵；第三单元即俑坑中部车徒结合，由车、步、骑兵俑混合编制组成长方阵；第四单元即俑坑北半部由众多骑兵组成的长方阵。四个方阵有机组合，由战车、骑兵、弩兵混合编组，可以进攻，也可以防守。

三号坑于1987年对外开放，规模最小，仅相当于一号坑面积的3.6%，二号坑面积的6.7%，但是它可能是兵马俑的最高指挥机关，是统率一、二号兵马俑军阵的“最高司令部”。

穿越千年的生命气息

兵马俑整体风格浑厚，健美、洗练。虽然都是类型化的人物，但并不千篇一律，如果仔细观察，脸型、发型、体态、神韵均有差异，从中可以看出秦兵来自不同的地区，有不同的民族，人物性格也不尽相同。陶马双耳竖立，有的张嘴嘶鸣，有的闭嘴静立。所有这些秦始皇兵马俑都富有感人的艺术魅力。

将军俑体格健壮，身材高大，前庭饱满，二目炯炯有神。他们有的握着铜戈，有的擎着利剑，有的拿着盾牌。表情也显得刚毅镇定，似乎身经百战，临危不惧，这正是当时秦朝威震四海的强大军队中上层武官的真实写照。雕塑家的艺术处理如此出色，使我们可以与千年前的古人静静交流。

武士俑即普通士兵，作为军阵主体，在秦俑坑中出土数量为最，可依着装不同分为两类，即战袍武士和铠甲武士。俑的发髻位于头顶的右侧，反映了秦人的习俗。交领右衽长衣属于汉服，而短靴和腰际束的革带属于胡衣，显示了秦朝时民族文化的融合已深入到人民的生活。

在二号坑，有一尊被称为“镇馆之宝”的跪射俑。他右膝跪地，左腿蹲曲，手持弓弩，目光炯炯凝聚前方，似乎是秦始皇成就统一霸业的最好诠释。来到兵马俑，导游和博物馆的讲解员常会说：“在中国的政区图上，陕西的轮廓就像一个跪射俑。”的确如此。陕西省版图南北狭长，北部是黄土高原丘陵沟壑区，轮廓好似秦俑的头部；中部是关中平原，就像秦俑的腰部；而南部是秦巴山区，则是秦俑的双腿。这种联想自然为游览兵马俑平添几分趣味。在秦兵马俑坑出土的一千多尊陶俑中，除跪射俑外，皆有不同程度的损坏，需要人工修复，而跪射俑保存最为完整，衣纹、发丝都还清晰可见。为什么呢？这得益于他的低姿态。当棚顶塌陷、土木俱下时，高大的立姿俑首当其冲，低姿的跪射俑受损害就小一些。其次，跪射俑做蹲跪姿，右膝、右足、左足三个支点呈等腰三角形支撑着上体，重心在下，增强了稳定性，与两足站立的立姿俑相比，不容易倾倒、破碎。

▲兵马俑之跪射俑

跪射俑出土于二号坑，与立射俑一起组成弩兵军阵。跪射俑身穿战袍，外披铠甲，头顶左侧绾一发髻，脚登方口齐头翘尖履，左腿蹲曲，右膝着地，上体微向右侧转，双手在身体右侧一上一下作握弓状，表现出一个持弓的单兵操练动作。跪射武士俑的塑造比起一般的陶俑要更加精细，表情神态和发髻、甲片、履底等刻画得生动传神，就连衣纹、发丝都还清晰可见，最难能可贵的是鞋底的针脚都被工匠疏密有致地刻画出来，是兵马俑中的精华，中国古代雕塑艺术的杰作。

扶栏缓行，听着导游的讲解，目望威武肃严的陶俑，眼睹纵横成行、阵容壮观的兵列，宛如秦国帝王运筹帷幄、指挥若定，统领百万雄师横扫六国、一统大业的再现。

Yi He Yuan

颐和园，美轮美奂的皇家园林

颐和园为世界上造景丰富、建筑集中、保存最完整的皇家园林，它将人工美与自然美融为一体，是中国园林艺术的典范之作。这里雕梁画栋，湖光山色，绿柳成排，荷花飘香。徜徉其间，我们只觉时间不够多，眼睛不够用，震慑于她的宏伟，惊奇于她的设计精巧，感慨于她的岁月沧桑……

颐和园位于北京市海淀区，是中国现存规模最大、保存最完整的皇家园林。它占地290公顷，主要由宫廷区、万寿山和昆明湖构成，既有湖光山色，又有庭园景色。园内各式宫殿、寺庙和园林建筑3000多间，不同风格的建筑群既自成一体，又相

温馨提示

1.颐和园很大，周长大约8千米。游客在入园前可以设计好路线，比如从南园进，则从北门出，避免走回头路。

2.可在动物园、紫竹院或玉渊潭坐游船前往颐和园，顺便欣赏沿途水上风光。

▲颐和园石舫

互联系。同时巧妙地借来西山和玉泉山作为背景，把人工建筑与自然风光和谐地融汇起来，是中国园林艺术的典范之作。

颐和园原是清朝帝王的行宫和花园，前身为清漪园，始建于乾隆十五年（1750），乾隆二十九年（1764）建成。第二次鸦片战争中，咸丰十年（1860），清漪园和圆明园一道，被英法联军焚毁。光绪十四年（1888），慈禧太后以筹措海军经费的名义动用银两，重新修建，并改称颐和园，作为慈禧太后晚年的颐养之地。从此，颐和园成为晚清最高统治者在紫禁城之外最重要的政治和外交活动中心。

晚清民国时期，国势衰弱，外敌入侵，颐和园屡遭破坏。新中国成立后，古老的皇家园林经过不断修缮，面貌焕然一新，这里成为首批全国重点文物保护单位，世界文化遗产。2007年，被国家旅游局正式批准为国家5A级旅游景区。

拥山抱水，绚丽多姿

万寿山，属燕山余脉，高约60米。建筑群依山而建，从山脚的“云辉玉宇”牌楼，经排云门、二宫门、排云殿、德辉殿、佛香阁，直至山顶的智慧海，形成了一条层层上升的中轴线。登临万寿山，整个昆明湖尽收眼底，绿柳拂岸，远山如黛，恍然如在画中。

排云殿在万寿山前建筑的中心部位，它最初是乾隆帝为母亲60寿辰而建的大报恩延寿寺，后来慈禧将其重建改为排云殿，是慈禧在园内居住和过生日时接受朝拜的地方。远远望去，排云殿与牌楼、排云门、金水桥、二宫门连成了层层升高的一条直线。这组建筑是颐和园最为壮观的建筑群体。

▼**颐和园十七孔桥**

十七孔桥因有十七个桥孔券而得名。桥头和桥栏望柱上雕有544只形态各异的石狮，比卢沟桥还多几十个。

佛香阁位于万寿山前山中央部位的山腰。根据资料，我们可以得知：阁高41米，阁内有8根巨大铁梨木擎天柱。原阁于咸丰十年被英法联军烧毁后，光绪十七年花了78万两银子重建，光绪二十年竣工，它是颐和园里最大的工程，是皇室烧香礼佛的地方。

万寿山顶最高处一座宗教建筑是智慧海，它是一座完全由砖石砌成的无梁佛殿。其建筑外层全部用精美的黄、绿两色琉璃瓦装饰，上部也用了少量的其他颜色的琉璃瓦，多为紫色和蓝色。这样，远远望去，整座建筑都显得非常鲜艳。特别以嵌于殿外壁面的千余尊琉璃佛为特色。因为殿内供奉了无量寿佛，因此又称“无量殿”。

▲颐和园春景

昆明湖，位于万寿山南麓，约占全园面积的四分之三，为中国园林中面积最大的湖泊。但它的水面却并不单调，反而充分利用了水面的空间，使之更具江南风情。昆明湖原本只是一个由泉水汇聚而成的湖泊，叫西海，面积还没有现在的一半大。到乾隆年间修建园林的时候，将这里进行了改造，扩湖、堆山，从而形成了今天的湖泊。

为何取名昆明湖？这有个典故。西汉武帝曾派人在长安附近开凿了形似洱海的“昆明湖”，教习水战以备将来攻伐昆明。乾隆皇帝根据这个典故，将西海改为昆明湖，并效仿汉武帝在这里演习水师，这就是昆明湖名称的由来。

▲颐和园西堤

乾隆帝仿照西湖苏堤建造了西堤，堤上唯一的石桥便是玉带桥，远远望去，汉白玉的桥拱宛若玉带，十分流畅。

昆明湖是清代皇家诸园中最大的湖泊，湖中一道长堤——西堤，自西北逶迤向南。西堤及其支堤把湖面划分为三个大小不等的水域，每个水域各有一个湖心岛。由于岛堤分隔，湖面富于层次，避免了单调和空疏。西堤以及堤上的六座桥是有意识地模仿杭州西湖的苏堤和苏堤六桥，使昆明湖越发神似西湖。西堤从北向南依次筑有界湖桥、豳风桥、玉带桥、镜桥、练桥、柳桥六座样式各异的桥亭。园外数里玉泉山的秀丽山形和山顶的玉峰塔影排闼而来，被收摄作为园景的组成部分。从昆明湖上和湖滨西望，园外之景和园内湖山浑然一体，这是中国园林中运用借景手法的杰出范例。湖岸和湖堤树绿荫浓，掩映着潋滟水光，呈现出一派富于江南情调的近湖远山的自然美。

亭台楼阁，各具特色

颐和园的基本布局可分为勤政区、居住区、游览区三大部分。以仁寿殿为代表的政治活动区，是慈禧太后与光绪帝从事内政、外交政治活动的主要场所。以乐寿堂、玉澜堂、宜芸馆等庭院为代表的生活区，是慈禧太后、光绪帝及后妃居住的地方。以长廊沿线、后山、西区组成的广大区域，是供帝后们澄怀散志、休闲娱乐的苑园游览区。

乐寿堂是颐和园居住生活区中的主建筑，原建于乾隆十五年（1750），咸丰十年（1860）被毁，光绪十三年（1887）建。乐寿堂面临昆明湖，背倚万寿山，东达仁寿殿，西接长廊，堂前有慈禧乘船的码头。乐寿堂殿内设有宝座和御案，西套间为卧室，东套间为更衣室，室内紫檀大衣柜为乾隆年间遗物。乐寿堂庭院内陈列着铜鹿、铜鹤和铜花瓶，取意为“六合太平”。院内花卉植有玉兰、海棠、牡丹等，名花满院，寓“玉堂富贵”之意。

玉澜堂临昆明湖畔而建，是一座三合院式的建筑。正殿玉澜堂坐北朝南，东配殿霞芬室，西配殿藕香榭。东殿可到仁寿殿，西殿可到湖畔码头，正殿后门直对宜芸馆。后檐及两配殿均砌砖墙与外界隔绝，是颐和园中一处重要的历史遗迹。光绪二十四年（1898），慈禧发动宫廷政变后，曾把主张变法的光绪帝囚禁于此。

大戏楼在德和园内，与承德避暑山庄里的清音阁、紫禁城内的畅音阁，合称清代三大戏台。德和园大戏楼是为慈禧60岁生日修建。戏楼共3层，后台化妆楼2层。顶板上有7个“天井”，地板中有“地井”。舞台底部有水井和5个方池。演神鬼戏时，可从“天”而降，也可从“地”而出，还可引水上台。

谐趣园在万寿山东麓，它是一个独立成区、具有南方园林风格的园中之园。最初将其命名为惠山园，是模仿无锡惠山寄畅园而建的。嘉庆十六年重修后，将其改

❶ 十七孔桥桥头石刻异兽，状似麒麟，威猛庄严。

❷ 颐和园铜牛

❸ 颐和园船坞

名为“谐趣园”。园内共有亭、台、堂、榭13处，而且用百间游廊和五座形式不同的桥相连接。园北部墙角有一长片假山，材料多为名贵的太湖石。太湖石在乾隆年间已不易得到，筹集如此规模的太湖石绝非易事。

长廊位于万寿山南麓，全长728米，共273间，是中国园林中最长的游廊。廊上的每根枋梁上都有彩绘，共有图画14000余幅，内容包括山水风景、花鸟鱼虫、人物典故等。长廊和廊中的绘画本身就有很高的艺术价值，另外它还起到了将园内各个景点有机地联系起来的作用。1990年，颐和园长廊被《吉尼斯世界纪录大全》评为全球画廊之冠。

颐和园里故事多

颐和园拥有几百年的历史，其中发生的故事当然很多，也正是这些或真或假的故事为颐和园的骨架添上了丰满的血肉，使得它不仅仅是凝固的建筑，更有鲜活的生命、栩栩如生的面貌。就让我们从这串串珍珠中撷取一二吧。

先说说这长廊的来历。传说，颐和园修建好以后，慈禧每年都有一大半的时间要在这里“颐养天年”。开始的时候，慈禧很是喜欢颐和园的江南景色，然而时间一长，就什么都不觉得新鲜了。慈禧心想：一眼望去山水全在眼前，四季不变，真是没意思，如果在湖边建造点儿什么，让我走一步就看一个景色该多好。

一日，心情烦闷的慈禧又要出去散步，王公大臣们忙顺从并伴其左右，当一行人走到万寿山下的南坡时，下起了雨，太监李莲英慌忙上前撑起雨伞。没想到，此时慈禧的脸竟由阴转晴了，李莲英正在纳闷，慈禧说话了：“雨伞真好，不仅可以遮风挡雨，还让我看到了另外一番景致。”众人不解。

回到寝宫后，慈禧立即召见了工匠，将自己的想法告诉了他们。不久，在万寿山的南坡与昆明湖之间出现了一条长长的走廊。慈禧太后的奇想，成就了一座美丽的长廊，让我们追随历史，漫步在幽美的长廊里。

你知道“败家石”吗？在颐和园乐寿堂院内，有一块横卧在汉白玉石座上的北太湖石，名叫青芝岫，俗称“败家石”。每天都有不少人在此石前停步细观，兴致勃勃，侃侃而谈。

这块轰动京城的巨石产自京郊房山群峰之中，四百多年前，被明朝一位太仆米万钟发现。米氏是宋代米芾后裔，爱石成癖，自称“石隐”，取号“友石”。他多才多艺，诗、书、绘画都有很深的造诣，尤其喜欢奇山异石，米万钟亦善画石，有多种画石本传世。

米万钟为寻求园林置石，不辞辛苦踏遍郊野群山。一日在房山群山中偶尔发现一块巨石，突兀凌空，昂首俯卧，米氏当即爬上石头顶礼膜拜、赞叹不止，拟将此石置于他的花园——勺园(现北京大学西侧)。为此他不惜财力，雇用百余人，先开山铺路，分段引水，掘水井，待严冬泼水为冰，用四十匹马拉石滑行运输，好不容易拉

到了良乡。朝中不少大臣都来观赏其真容，一时轰动京都，也惊动了魏忠贤私党。米万钟对奸臣当政者不屈不谀，无奈难以摆脱魏忠贤的陷害，由该阉党五虎之一倪文焕编造罪状，米万钟遭受诬陷，获罪丢官。

轰动京都的灵秀巨石从此搁置良乡。米万钟唯恐说出真情将会惹出更大祸害，就托言说因运石而力竭财尽。此后人们越传越神奇，遂将此石称为“败家石”。

▲佛香阁

百年之后，清乾隆皇帝去河北易县西陵为父亲雍正扫墓，路过良乡时，太监禀报米万钟觅石获罪等细节，乾隆帝大感兴趣，御驾亲往，见石姿不凡，大喜过望，即降旨将其移进清漪园内。当时乐寿堂的正门“水木自亲”已经修好，门只有一米多宽，米氏遗石身大体重，难以进院。乾隆帝下令拆墙破门，硬是把这块巨石安放在现在的地方，在它左右又树起了两块形状别致的太湖石，以烘托气氛。据说皇太后因此大为不悦，认为此石“既败米家，又破我门，其名不祥”，母子之间闹了一场不小的别扭，由此可知此石身世确实不凡。

乾隆帝把此石置在乐寿堂后，经常观望欣赏，并根据此石的形状和润色，同时也考虑到母亲的讳忌，给此石起名“青芝岫”，取意石岩突兀如青芝出岫，并将三个字刻在石头上。

▼颐和园全景

颐和园规模宏伟，景致丰富。其主要特色是山光水景，陆地集中在园的北部，以万寿山为主题营造景观；水景主要由昆明湖、堤岸和桥梁组成。

Bi Shu Shan Zhuang

避暑山庄，一座山庄，半部清史

与北京紫禁城相比，避暑山庄以朴素淡雅的山村野趣为格调，取自然山水之本色，吸收江南塞北之风光，成为中国现存占地最大的古代帝王宫苑。避暑山庄不仅是人们避暑休闲的好去处，更是一座保留着丰厚历史遗存的露天博物馆，让人们凭吊、抚摸、叹息……

避暑山庄又名热河行宫，在河北承德市区北部，武烈河西岸，北是狮子岭、狮子沟，西是广仁岭西沟，山水环抱，风景幽雅，原是清代皇帝夏日避暑和处理政务的场所。占地面积约564公顷，约等于清代北京的圆明园、长春园、万春园三园的总和，是中国现存占地面积最大的古代帝王宫苑。

▼外八庙普宁寺

当年康熙皇帝在北巡途中，发现承德这片地方地势良好，气候宜人，风景优美，又直达清王朝的发祥地——东北，还可俯视关内，外控蒙古各部，于是选定在这里建行宫。康熙四十二年（1703）开始在此大兴土木，疏浚湖泊，后雍正、乾隆二朝继续修建直至完工，为后人留下了珍贵的古代园林建筑杰作。避暑山庄分宫殿区、湖泊区、平原区、山峦区四大部分。

宫殿区：厚重的历史遗存

宫殿区地形平坦，是皇帝处理朝政、举行庆典和生活起居的地方，占地1万平方米，由正宫、松鹤斋、万壑松风和东宫四组建筑组成。

正宫分为“前朝”、“后寝”两部分。前朝是皇帝处理军机政务的办公区；后寝是皇帝和后妃们日常起

▲外八庙远景

居的生活区。主要建筑有“前朝”的澹泊敬诚殿和“后寝”的烟波致爽殿。建筑风格朴素淡雅，但不失帝王宫殿的庄严。正宫现辟为博物馆，陈列清代遗留的宫廷文物。

澹泊敬诚殿在丽正门北，是避暑山庄正殿，相当于北京的太和殿。大殿建在大理石砌筑的台基上，为青砖布瓦卷棚歇山式建筑，古朴典雅，庄重肃然。殿中悬挂着康熙帝御笔“澹泊敬诚”匾额。澹泊敬诚殿是清代举行重大庆典、百官朝觐、接见少数民族首领和外国使节的地方。乾隆四十五年（1780）正值乾隆帝七十大寿，西藏政教首领六世班禅来到承德为乾隆帝祝寿。为此，乾隆皇帝在这里举行了隆重的庆典，并用藏语与班禅对话，称其“长途跋涉，必感辛劳”，班禅答道“远叨圣恩，一路平安”。此外乾隆帝还在这里接见了土尔扈特部首领渥巴锡，英国使节马戛尔尼等人。接见英使时，清廷要求马戛尔尼行叩头礼，马戛尔尼不肯，最后双方达成妥协，英国作为独立国家，其使节行单膝下跪礼，不必叩头。这次接见，拉开了中西方交流的序幕。

烟波致爽殿位于正殿之后，是皇帝的寝宫。它是“康熙三十六景”之第一景，康熙帝谓此处“四围秀岭，十里平湖，致有爽气”，故而题为“烟波致爽”。入夏，这里晴无酷暑之感，夜无风寒之忧。因此，康熙帝、乾隆帝、嘉庆帝每至山庄必居于此。咸丰十年（1860），英法联军入侵北京，咸丰帝携东、西等后妃出北京至热河避难，即居于此殿。也就是在这里，咸丰皇帝签准了屈辱的《北京条约》，并承认《中俄瑷珲条约》有效，使中国失去了大片领土和主权。咸丰帝死后，慈禧在这里策划了辛酉政变，开始她长达48年的统治。

湖泊区：借来江南水韵

湖泊区在山庄东南，约占43公顷，有8个小岛屿，将湖面分割成大小不同的区域，层次分明，洲岛错落，碧波荡漾，富有江南鱼米之乡的特色。东北角有清泉，即著名的热河泉。湖区的风景建筑大多是仿照江南的名胜建造

❶ 外八庙须弥福寿之庙

❷ 外八庙普宁寺

普宁寺俗称大佛寺，乾隆二十年（1755）为纪念平定准噶尔部噶尔丹叛乱而修造，寺规制综合汉、藏建筑样式并依西藏桑耶寺样建造，规模宏大。

的，如“烟雨楼”，是模仿浙江嘉兴南湖烟雨楼的形状修的。金山岛的布局仿自江苏镇江金山。湖中的两个岛分别有两组建筑，一组叫“如意洲”，一组叫“月色江声”。“如意洲”上有假山、凉亭、殿堂、庙宇、水池等建筑，布局巧妙，是风景区的中心。“月色江声”是由一座精致的四合院和几座亭、堂组成。每当月上东山的夜晚，皎洁的月光映照着平静的湖水，别有一番风致。

平原区：一派塞北风光

平原区位于山庄北部，面积有千余亩，曾经是蒙古人的牧场，康熙年间将这地方圈入热河行宫。它由万树园和试马埭两部分组成。万树园地势平坦，林木苍郁，驯鹿野兔出没其间，是塞外难得的森林风光。试马埭位于万树园西侧，绿草如茵，驰道如弦，是清代皇帝赴木兰围场举行“秋狝大典”之前，选拔骏马的地方。

万树园西侧，有一座秀丽的古建筑，就是清代著名的藏书楼——文津阁。津，渡口也。文津，是文化知识的渡口。如欲求得知识，便需自此问津的意思。它和北京紫禁城内的文渊阁、圆明园的文源阁、沈阳故宫的文溯阁合称“内廷四阁”。当年，乾隆皇帝命纪晓岚等人主持编修《四库全书》，耗时十三年编成，每部7.9万卷，3.6万册，约8亿字，如此皇皇巨著，超过了《永乐大典》。乾隆帝命人手抄七部，分别藏于全国各地，其中一部就藏在文津阁。

▲避暑山庄湖景

山峦区与外八庙：浓郁的宗教气氛

山峦区在山庄的西北部，面积443.5公顷，约占全园的五分之四，相对高差180米。这里山峦起伏，沟壑纵横，众多楼堂殿阁、寺庙点缀其间。山区由四条沟壑组成，依次为榛子峪、松林峪、梨树峪、松云峡。山峦之中，古松参天，林木茂盛，原建有四十多组轩斋亭舍、佛寺道观等建筑，但多已只存基址。山区景物迷人，在亭子上远眺，山庄各处景点，山庄外的几座大庙，以及承德市区，尽收眼底。

在避暑山庄东面和北面的山麓，分布着宏伟壮观的寺庙群，这就是外八庙，其名称分别为：溥仁寺、溥善寺（已毁）、普乐寺、安远庙、普宁寺、须弥福寿之庙、普陀宗乘之庙、殊像寺。外八庙以汉式宫殿建筑为基调，吸收了蒙、藏、维等民族建筑艺术特征，创造了中国多样统一的寺庙建筑风格。普陀宗乘之庙酷似西藏布达拉宫，须弥福寿之庙是六世班禅的行宫，普宁寺供有世界最高木雕佛像——千手千眼观世音菩萨……

Su Zhou Yuan Lin

苏州园林，

闹市中的山水之怡

苏州乃江南胜地，山美，水美，园林美，又有着深厚的文化底蕴和众多的能工巧匠。这里形成精致的园林文化是一点不奇怪的。苏州园林与北方的颐和园、避暑山庄等皇家园林大异其趣，它代表的是中国传统文人的雅文化，有亲切的市民趣味，因此非常贴近人们的生活。

悠久的造园传统

在距今两千五百年前的春秋时代，吴王阖闾利用苏州郊外的自然山水，兴建了姑苏台，三年乃成，“横亘五里”。之后，吴王夫差又扩建姑苏台，规模宏伟、建筑华丽。同时，又在太湖之滨建立了风景园林和离宫别苑，这是苏州最早的园林建筑。

东晋以后，中原动乱，世家豪族纷纷迁往江南，苏州一带才真正发展起来，私家园林也逐渐兴起，造园艺术又有了新的发展。隋唐时期，随着大运河的开辟，苏州的繁华更盛。当时的虎丘、灵岩、石湖和洞庭东、西山等，都已成为风景优美的游览胜地。这些地方都以自然山水为主、追求山乡野趣，这也是当时园林风格之一。

北宋末年，为宋徽宗采办“花石纲”的朱勔，除大力采集太湖石和名贵花木，运送到汴京建造“艮岳”外，自己也乘机发迹，在盘门内建造乐园和绿水园，其中有十八个鱼池，分养各类观赏鱼。宋代士大夫在苏州所造之园还有苏舜钦的沧浪亭、史正志的万卷堂（网师园前身）、蒋希鲁的隐园，其中以朱长文所造乐圃尤为著名。

元代，张士诚在苏州称王，造有锦春园。园内假山池塘、厅堂楼阁，样样俱全。并别出心裁地把锦帆泾浚成御园河，和妃子们在此扬帆荡舟。天如禅师建造了狮林寺(今狮子林)。园内石峰林立、玲珑俊秀、山峦起伏、气势如虹。明清两代，苏州造园成为一种风气，江南一带也涌现出一大批造园艺术家。如明代的计成、文震亨、张涟和周秉思，清乾隆时的戈裕良、石涛和仇好石等，都曾名噪江南，建树颇丰。

拙政园的由来

拙政园是苏州园林的代表，与北京颐和园、承德避暑山庄、苏州留园一起被誉为中国四大名园。2007年被国家旅游局评为首批5A级旅游区。

❶ 苏州园林狮子林
❷ 苏州园林拙政园
❸ 苏州园林藕园

它的知名度高，一是因其布局设计、建筑造型、书画雕塑、花木园艺等方面都有独到之处；另一个原因是，拙政园曾为历史舞台上的许多风云人物提供了活动场所。其中，有江南文豪钱谦益及其妾柳如是；有明末御史、刑部侍郎王心一；有太平天国忠王李秀成；有江苏巡抚李鸿章。

拙政园始建于明代正德四年（1509）。御史王献臣因官场失意而还乡，以大弘寺址拓建为园，园内亭台楼阁，小桥流水，古木参天。拙政园的园名是据西晋潘岳的《闲居赋》中“此亦拙者之为政也”之句缩写而成的，意思是隐退林泉，不问政治。

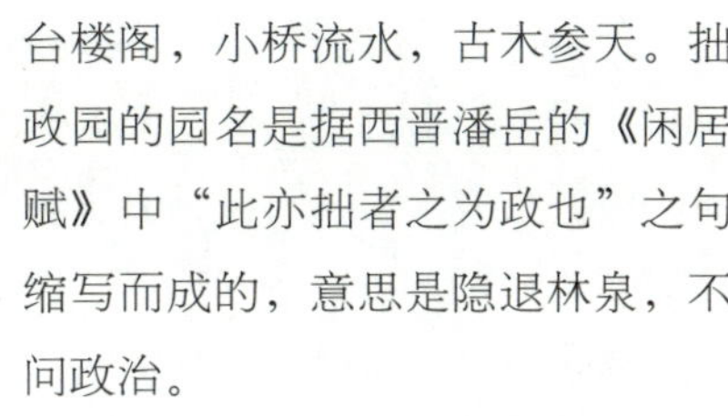

拙政园为三个部分：东部，曾取名为“归田园居”，以田园风光为主；中部，也称为“复园”，以池岛假山取胜，是拙政园的精华所在；西部，也称为“补园”，园内建筑物大都建成于清代，其建筑风格明显有别

于东部和中部。与北方皇家园林不同，拙政园没有明显的中轴线，没有传统的对称格局，大都是因地制宜，错落有致，疏朗开阔，近乎自然，这是江南园林的特点。

东园开阔疏朗

经过拙政园的墙门和“通幽”“人胜”腰门，就来到拙政园的东部。这里有一座三开间的厅堂，名“兰雪堂”。取李白“春风洒兰雪”之句，象征着主人潇洒如春风、洁净如兰雪的高尚情操。走出“兰雪堂”，迎面看到一座假山，青翠的竹丛和古树，簇拥着一座巨大的石峰，状如云朵，岿然兀立，西侧有两块形状怪异的湖石，两石中间夹着一条羊肠小道。中间这座石峰叫作“缀云峰”，像一个巨大的屏风，挡住来宾们的视线，这种“开门见山”的造园手法，被称作“障景”，为的是避免园中景色一览无余。过了假山，游客就可以看到拙政园东部的主要景色了。

东园风格疏朗明快。东侧草坪旷阔，草坪西面堆土成山，四周绿水环绕，柳枝低垂，间以石矶、立峰，临水建有水榭、曲桥，令人心旷神怡。

拙政园东部和中部，是用一条长长的复廊隔开的。走廊的墙壁上开有25个漏窗，就像精雕细作的剪纸图案，镶嵌在长长的画轴上面。人们信步走在游廊里，随着漏窗花纹的更换，园内的景色也在不断地变幻。这种现象，称作“移步换景”。

中园精华所在

打开复廊里的黑漆大门，一股沁人凉风扑面而来，就来到了中部花园。

中部是拙政园的主景区，为精华所在。面积约18.5亩。其总体布局以水池为中心，亭台楼榭皆临水而建，有的亭榭则直出水中，具有江南水乡的特色。池水面积占全园面积的五分之三。池广树茂，景色自然，临水布置了形体不一、高低错落的建筑，主次分明。

长长的人工湖里面种满了荷花，狭长的湖形从这头一直延伸到园底，远处的北寺塔影正好落在湖两岸的绿树荫中。据说，这是主人的一个布局构想，家里有了亭台楼榭有湖有桥还缺个塔，于是就在此借景一用，把这墙外的北寺塔不偏不倚的正好纳了进来，大大扩展了中园的景深。

中园总的格局仍保持明代园林浑厚、质朴、疏朗的艺术风格。以荷香喻人品的“远香堂”为中部拙政园主景区的主体建筑，位于水池南岸，隔池与东西两山岛相望。池水清澈广阔，遍植荷花，山岛上林荫匝地，水岸藤萝纷披，两山溪谷间架有小桥，山岛上各建一亭，西为“雪香云蔚亭”，东为“待霜亭”，四季景色因时而异。从拙政园中园的建筑物名来看，大都与荷花有关，反映了主人孤高不群的品格。

中部景区还有微观楼、玉兰堂、见山楼等建筑以及精巧的园中之园——枇杷园。

▲**拙政园**

拙政园位于苏州城东北隅，东北街178号，是苏州现存最大的古典园林。全园以水为中心，山水萦绕，厅榭精美，花木繁茂，具有浓郁的江南水乡特色。

见山楼是很别致的。此楼三面环水，两侧傍山，底层被称作“藕香榭”，沿水的外廊设吴王靠，小憩时凭靠可近观游鱼，中赏荷花，远则园内诸景如画一般地在眼前缓缓展开。上层为见山楼，陶渊明有名句曰：“采菊东篱下，悠然见南山。”此楼高敞，可将中园美景尽收眼底。春季满园新翠，姹紫嫣红；夏日熏风徐来，荷香阵阵；秋天池畔芦荻迎风，寒意萧瑟；冬时满屋暖阳，雪景宜人。见山楼高而不危，耸而平稳，与周围的景物构成均衡的图画。

“小沧浪”是一座三开间的水阁，南窗北槛，两面临水，跨水而居，构成一个娴静的水院。站在“小沧浪”前往北看，廊桥“小飞虹”倒映在水里，水波荡漾，犹如彩虹。这里是观赏水景的最佳去处。

枇杷园是中园里的园中园，因种有枇杷树而得名。它的园门设计得很巧妙。游人走到这里，见到前面一道云墙，两面种有牡丹，正所谓“山穷水复疑无路”了。真没有料到，只要再往前走，就可以发现，黄石堆砌的假山遮住了旁边的一个门洞。随着人们一步一步走近，门洞就一点点扩大。到了门口，才发现门洞像一轮明月，镶嵌在白色的云墙上。过门洞后再往前走，这轮明月又被这边的湖石假山慢慢地遮住了。看着月洞门和牡丹花，不禁使人想到“闭月羞花”的典故。

西园建筑精美

西部原为“补园”，面积约12.5亩，其水面迂回，布局紧凑，依山傍水建以亭阁。这里的主要建筑是十八曼陀罗花馆和卅六鸳鸯馆，相当工巧。两馆实为一馆，南部为十八曼陀罗花馆，北部名卅六鸳鸯馆。这是古建筑中的一种鸳鸯厅形式。南厅十八曼陀罗花馆，宜于冬、春。曼陀罗花即山茶花。北厅因临池曾养三十六对鸳鸯而得名。卅六鸳鸯馆内顶棚采用拱形，既弯曲美观，遮掩顶上梁架，又利用这弧形屋顶来反射声音，增强音响效果，使得余音袅袅，绕梁萦回。此馆环境优雅，陈设古色古香。主人在此宴友、会客、听曲、休憩，悠闲自得。冬天春天的时候，主人家就搬去十八曼陀罗花馆，到了夏秋的时候就搬去卅六鸳鸯馆，面对小湖，纳凉、看鸳鸯戏水，好不惬意！中国文化的养生之道，在这里体现得淋漓尽致。

以拙政园为代表的苏州园林，处处是充满着诗情画意的青山绿水，时时洋溢着温情脉脉的家庭气氛，全园体现了淡泊明志的人生哲理，正是古人们苦苦追求的“人间天堂”。让我们这些生活在钢筋水泥丛林的现代人好不羡慕！

苏州园林的主要遗存

苏州保存尚好的园林有几十处，除了拙政园，其他简介如下：

沧浪亭，苏舜钦于北宋时期建造。特点：因地制宜，巧于因借，山水并重，长廊取胜。

网师园，史正志于南宋时期建造。特点：园内布局玲珑紧凑，景观似断似续，

温馨提示

1.拙政园距离狮子林不远，可以一同游览。旁边还有苏州博物馆可免费参观，三个地方步行可到。

2.苏州的景点大都关门较早，自助游请注意时间的合理安排。

处处贯通，有行回不尽之致，是以少胜多的小园极则。

狮子林，元代天如禅师建造。特点：园中的花木、池水、建筑与假山有机地结合，以假山取胜。

留园，明代徐泰时建造。特点：以建筑结构见长，布局严谨紧密，装饰精巧别致，门户重叠，变化多端。

艺圃，袁祖庚于嘉靖时期建造。特点：质朴自然，以文取胜。

颐园，蒋楫于乾隆时期建造。特点：以假山之妙而著称，外观虽如一堆拳石，进则仿佛置环秀山庄，身于千岩万壑之中。

藕园，清代陆锦建造。特点：布局讲究易理，寄寓爱情主题。

退思园，清代任兰先建造。特点：因地制宜，巧妙理水，寄托江湖之思。

怡园，清代顾文彬建造。特点：博采诸园之长，布局紧凑巧妙。

❶ 留园

留园以园内建筑布置精巧、奇石众多而闻名。留园分四部分，东部以建筑为主，中部为山水花园，西部是土石相间的大假山，北部则是田园风光。

❷ 苏州园林怡园

Long Men Shi Ku

龙门石窟，雕刻在石头上的千古绝唱

这里两山对峙，伊水中流，犹如一座天然门阙，远望伊河南岸，山势逶迤，草木青翠，掩映在林间的是古刹的姿影——这就是与敦煌莫高窟、云冈石窟并称中国三大佛教艺术宝库的龙门石窟。

洛阳，素称“九朝古都”，但实际上先后有13个朝代在此建都。提到洛阳，最知名的景点当数龙门石窟了。它丰富而又深厚的文化内涵和美丽的山水景色给人留下美好而又深刻的印象。

距市区13千米的龙门是洛阳南面的天然门户，这里两岸香山、龙门山对立，伊水中流，远望就像天然的门阙一样，古称“伊阙”。隋炀帝都洛阳，因宫城城门正对伊阙，古代帝王又以真龙天子自居，因此得名“龙门”。举世闻名的龙门石窟就雕刻在伊河两岸的山崖上，南北长约1千米。从北魏孝文帝迁都洛阳时开始营造，经过东魏、西魏、北齐、隋、唐、延至北宋，累计大规模开凿四百余年，现存窟龛2345个，碑刻题记2800余块，佛塔70余座，造像近11万尊。其窟龛、造像和题记数量之多，居中国石窟之冠，与敦煌莫高窟、大同云冈石窟并称为中国三大佛教艺术宝库。

青山绿水伴绕的龙门石窟，万像生辉，早在1961年就被国务院公布为全国第一批重点文物保护单位，1982年被国务院公布为全国第一批国家级风景名胜区，2000年11月，联合国教科文组织将龙门石窟列入《世界文化遗产名录》。

▶奉先寺中的卢舍那大佛像

潜溪寺，西山第一景

游玩龙门石窟，先从北门进入景区。西山北端第一个大洞窟就是潜溪寺。它高、宽各9米多，进深近7米，建于唐高宗初年，因为在凿洞时地下有源源不断流出的溪流，所以得名潜溪寺。洞内造像为一佛、二弟子、二菩萨、二天王。主佛为阿弥陀佛，高7.38米，居中而坐，身体各部比例匀称，面容丰满，胸部隆起，表情静穆慈祥。两侧观世音、大势至菩萨体躯比例适中，丰满敦厚，表情温雅文静，富于人情味，揭示了唐初雕刻艺术的长

▲卢舍那大佛旁边的天王和力士。天王手托宝塔，魁梧刚劲。力士右手握拳叉腰，左手合十，威武雄壮。

足发展。阿弥陀佛和观世音、大势至菩萨合称为“西方三圣”，是佛教净土宗供奉的偶像。

隋唐时代是中国佛教发展的又一个繁盛期。与北魏相比，佛教中国化的趋向更加明显，也使佛教造像艺术充满了清新与活力。潜溪寺中的造像已揭开了盛唐那种丰腴、典雅的造像风格的序曲。

奉先寺，瞻仰卢舍那大佛

奉先寺原名“大卢舍那像龛”，规模宏大、气势磅礴、雕像精美、技艺精湛，是龙门石窟开凿规模最大的摩崖像龛，也是龙门石窟唐代雕刻艺术中最有代表性的作品。奉先寺为唐高宗所创，整个大像龛造像布局为一佛、二弟子、二菩萨、二天王、二力士等九尊大像。居中的卢舍那大佛，通高17.14米，头高4米，耳长1.9米，为龙门石窟中最大的佛像。造像庄严，睿智，温和，慈祥，这是理想化了的社会圣贤的象征，佛的身躯和手的姿态都表现出一种宁静的心境，慈祥的目光下垂，嘴角微微上翘，欲笑未笑，表现出卢舍那大佛做静观默想之状，仿佛是在领悟探索着深妙的哲理，而下垂的目光似乎又在关注着大千世界的芸芸众生。这尊佛的奇妙之处在于无论你站在哪个方位，总能感觉到佛在注视着你，礼拜者的目光总能和佛的目光交汇在一条斜线上，由此可见设计者的独具匠心和高超技艺。

左侧迦叶，身首虽残，但仍显出一位饱经风霜的老僧形象；右侧阿难，浓眉细眼、年轻睿智、虔诚大方、充满自信，宛如一聪慧少年形象。二菩萨衣饰华丽，端庄而矜持的表情，天王严肃威武而又硕壮有力的神情，力士坚毅勇猛而又暴躁的性格，以及那无所畏惧倾力承托的地鬼，无不形神兼备、惟妙惟肖。

奉先寺是盛唐雕刻艺术的代表，折射出了当时社会佛教发展的盛况和唐代国力的强大；又是龙门石窟的核心，是人类美术史上的杰作。

古阳洞，书法宝库“龙门二十品”

参观完奉先寺，再向南就到达古阳洞。北魏孝文帝迁都洛阳后，开始在龙门为其祖母冯太后开窟造像祈福作功德，王公大臣、贵族、官僚、武官相继在窟内造像，这就形成了古阳洞内最早的一批造像，从而开始皇家营造龙门的第一斧第一凿，揭开了创建龙门石窟的第一篇章。

古阳洞是利用天然溶洞扩凿而成的。主像释迦牟尼着双领下垂式袈裟，面容清瘦，眼含笑意，安详地端坐在方台上，侍立在主佛左侧的是手提宝瓶的观音菩萨，右边的是拿摩尼宝珠的大势至菩萨，他们表情文静，仪态从容。古阳洞大小佛龛多达数百，雕造装饰十分华丽，特别是表现在龛的外形、龛楣和龛额的设计上，丰富多彩。例如，古阳洞南壁释迦多宝龛上，有树下诞生、步步生莲、九龙灌顶等，讲述的是悉达多从他母亲摩耶的右腋下诞生，刚出生，就走了七步，每一步脚印都生出一朵莲花，这叫步步生莲，他站在方台上，天空中有九条龙为他喷水沐浴。

龙门石窟中有许多碑刻题记，经过历朝的推崇，到清代中期，人们从这2800多块题记中，精选出了二十块有代表性的作品，称为“龙门二十品”，古阳洞就占十九品。“龙门二十品”是魏碑书法的杰出代表，以“龙门二十品”为代表的魏碑体，字形端正大方，魄力雄强，气象浑穆，上承汉隶，下开唐楷，在中国的书法艺术上占有重要地位，被视为国宝。

◀龙门石窟万佛洞

香山寺，追寻白居易的足迹

❶ 卢舍那大佛
❷ 龙门石窟中的雕像
❸ 龙门石窟远景

香山寺与龙门石窟西山窟区一衣带水，隔河相望，与龙门石窟东山窟区和白园一脉相连，并肩邻立。它始建于北魏熙平元年，唐垂拱三年，印度来华高僧地婆诃罗（日照）葬于此，为安置其遗身重建佛寺。天授元年，武则天在洛阳称帝，建立武周王朝，梁王武三思奏请，敕名“香山寺”。武则天常亲驾游幸，御香山寺中石楼坐朝，留下了“香山赋诗夺锦袍”的佳话。后来白居易捐资六七十万贯，重修香山寺，并撰《修香山寺记》，寺名大振。此外，他还收集了5000多卷佛经藏入寺中，自号“香山居士”，白居易去世后，遗命葬于香山寺如满大师塔侧，常年沉眠于此。

白园是白居易的墓园，位于附近的琵琶峰上，占地面积3万平方米。墓体区位于琵琶峰顶，从牡丹坛拾级而上即可到达。墓前型石铺地，墓后草坪如毯，周围翠柏环抱，给人以庄严肃穆之感。

进入青谷区，瀑布飞泻，池水荡漾，竹林清风，白莲飘香，使人心旷神怡；乐天堂依山傍水，面对青谷，是诗人作诗会友之处。诗廊立石38块，由国内名家书写，行、草、篆、隶齐全，既可以欣赏白居易的名作，又可以领略书法艺术之美。

星移斗转，世事在伊水河的流淌中变迁。龙门石窟中的作品经千百年雨雪风霜的洗礼和战火硝烟的摧残，至今很多已残缺不全。但后人从这留存的遗迹里依然能窥见先人敬佛的虔诚，盛唐繁华的风姿，龙门的雕刻依然散发着人类文明耀眼的光芒，成为人类在石头上留下来的千古绝唱。

温馨提示

1.可在每年4月1日至5月10日的洛阳牡丹花会期间兼赏牡丹而游龙门石窟。如无意观赏牡丹，龙门石窟最佳旅游季节是秋天。

2.龙门景区停车场距离景区大门、东山和西山景点之间都还有点距离，需要步行或乘坐景区电瓶车前往。

2
Chapter
造化钟神秀

Huang Guo Shu Pu Bu

黄果树瀑布，

洗净心头的纤尘

黄果树瀑布群像一串灿烂的明珠，镶嵌在贵州省镇宁、关岭两县境内的白水河上。其中，黄果树大瀑布是这个瀑布群中落差最高、流量最大的一级。蜿蜒曲折的白水河由北向南，像一条雪白的玉练，从断崖绝壁上飞奔而下，汹涌澎湃，直泻犀牛潭，可谓“飞流直下三千尺，疑是银河落九天”。如此仙境，恐是仙人也甘愿下凡了。

▲黄果树瀑布旁的苗族姑娘

素影空中飘匹练，寒声天上落银河

黄果树大瀑布位于打帮河流域的白水河段上，将白水河拦腰截断，因当地一种常见的植物“黄果树”而得名。瀑布宽101米，高77.8米。瀑布飞泻入犀牛潭，水流依次经过三道滩、马蹄滩、猪龙潭、油鱼井、锅底凼、湾塘、冒水塘，整个黄果树瀑布的河床都被水花充满。

当年徐霞客游历至此，赞道：“捣珠崩玉，飞沫反涌，如烟雾腾空，势甚雄厉。……盖余所见瀑布，高峻数倍者有之，而从无此阔大者。但从其上侧身下瞰，不免神竦。”黄果树景区现有两尊徐霞客塑像，老先生也许是中国最早的职业背包客了。

黄果树瀑布虽然早就声名远播，但真正一睹它的姿容，却又是另一番震撼。来到这里，首先被唤醒的是人们的耳朵，那“轰隆轰隆”的巨大水声似惊雷阵阵，又似无数的炮仗一起炸响。伴随着巨大的水声，热忱又狂野的白水河从几十米高的悬崖跌落而下，急急奔赴深潭中那场神秘的约会。在那里，水流激荡，翻波涌浪，水的原始生命力被彻底激发，它们怒吼，它们嘶喊，它们飞珠溅玉，氤氲水汽笼罩周围几十米的晴空。迷蒙的雨雾濡湿了游人的头发、眉毛、眼睛，濡湿了游人的衣服，更濡湿了游人的心。至此，人已经彻底被水征服，水从无坚不摧的冲击变为温柔的触摸，让人不得不惊叹自然的伟力与玄妙。

黄果树瀑布的神奇还不止于此。远观瀑布，白练悬垂，以为是流水顺山崖而下，走近才知道，瀑布与山崖之间还有罅隙，游人可以绕到瀑布后面近观瀑布。走在岩壁小径上，人声彻底被轰轰作响的水声淹没，瀑布触手可及，人与瀑布似乎融为了一体。

▼黄果树瀑布

瀑中有幽洞，深潭映霓虹

沿瀑布后的小径再往前走，水帘洞便赫然出现在眼前了，洞中更是从背后近观瀑布的绝佳之地。与其他世界名瀑相比，除了气势恢宏之外，黄果树瀑布还有它的奇特之处，那就是隐在大瀑布半腰上的水帘洞。瀑

温馨提示

1.景区内山路陡峭险峻，游览时宜穿胶、布鞋，注意脚下安全。看景时不要走路，走路时不看景。

2.雷雨天不宜游览，更不要在树下避雨。

布是美的，但挂在半空，一览无余，总觉得那只是一幅画。而瀑中有洞，就增添了几分神秘感，使游览有更多的乐趣了。86版电视剧《西游记》中的水帘洞外景，就是在这里拍摄的。瀑布后长达一百三十四米的水帘洞拦腰横穿瀑布而过，由六个洞窗、五个洞厅、三股洞泉和六个通道所组成。水帘洞位于大瀑布四十米至四十七米的高度上，游人穿行于洞中，从水帘洞内观看飞流直下的大瀑布，窗水挂珠帘，瀑布伸手可及，令人惊心动魄。这样壮观的瀑布下的水帘洞，在世界各地瀑布中也是罕见的，故称“天下第一奇洞”。走进大瀑布本身就已惊心动魄，神移魂飞了，而要在大瀑布里面穿行，不免悚然。

每当日薄西山，凭窗眺望，观犀牛潭里彩虹缭绕，云蒸霞蔚，苍山顶上绯红一片，迷离变幻，则又有一番乐趣在其中了。水帘洞内还有一个冰制金箍棒。是否让你勾起了对水帘洞神秘身世的遐想呢？

穿越水帘洞，瀑布前面是一很深的箱形岩溶峡谷，左为悬崖峭壁，古木森森；右为钙华坡、石笋山，芳草繁花，铺上云天，中为犀牛潭、马蹄潭等，潭滩相连，逶迤相接。犀牛潭深十七米，常为溅珠覆盖，雾珠腾空，太阳光照射到半空中的水滴，光线被折射及反射，在此形成一个绝妙的奇景，即犀牛潭彩虹。每当上午太阳升起，犀牛潭上的彩虹就会随之出现。

由于瀑布泻入潭底激起的水花不是稳定不变的，因而阳光折射形成的彩虹不仅是七彩俱全的双道而且是动态的，只要天晴，从上午九时至下午五时，都能看到，并随你的走动而变化和移动。瀑布如雪，衬映着霞光万道，故名“雪映川霞”。

黄果树瀑布周围岩溶广布，河宽水急，山峦叠起，气势雄伟，历来是连接云南、贵州两省的主要通道。作为白水河九级瀑布群中规模最大的一级瀑布，黄果树瀑布素以水势浩大著称，腾起水珠高90多米，在附近形成水帘，盛夏到此，暑气全消。除此之外，黄果树大瀑布是世界上唯一可以从上、下、前、后、左、右六个方位观赏的瀑布，也是世界上有水帘洞自然贯通且能从洞内外听、观、摸的瀑布。瀑布对面建有观瀑亭，游人可在亭中观赏汹涌澎湃的河水奔腾直泻犀牛潭。

❶ 黄果树瀑布下的犀牛潭
❷ 黄果树瀑布近景
❸ 黄果树瀑布远景
❹ 黄果树瀑布水势

▲陡坡塘瀑布

陡坡塘瀑布位于黄果树瀑布上游1千米处，瀑顶宽105米，高21米，是黄果树瀑布群中瀑顶最宽的瀑布。陡坡塘瀑布还有一个特殊的现象，每当洪水到来之前，瀑布都要发出“轰隆、轰隆”的吼声，因此又叫“吼瀑”。

❶ 银链坠潭瀑布
❷ 黄果树瀑布上游

黄果树瀑布群，诠释不一样的美

黄果树瀑布不只是一个瀑布，以它为核心，在它的上游和下游20千米的河段上，共形成了雄、奇、险、秀风格各异的瀑布18个，1999年被世界吉尼斯总部评为世界上最大的瀑布群，列入世界吉尼斯纪录。黄果树瀑布群中，除了黄果树大瀑布外，还有众多的瀑布可以观赏，诸如瀑布群中瀑顶最宽的陡坡塘瀑布，滩面最长的螺丝滩瀑布，落差最大的滴水滩瀑布，形态最美的银链坠潭瀑布等。

如果说黄果树瀑布是白水河上最雄浑的乐章，那位于黄果树瀑布下游的银链坠潭瀑布就是最柔美的代表了。银链坠潭瀑布位于天星桥景区，距黄果树瀑布约7千米。它总高40余米，由许多小瀑布汇合而成。几块天然巨石犹如男子粗糙的肩膀，傲然挺立，让轻盈的流水轻轻漫过，均匀铺开，细腻的流水被粗糙的岩石表面分割，幻化成千万条大大小小的银链，嬉闹着、娇笑着，争先恐后坠入岩石下的深潭里。阳光灿烂的日子，水流在阳光的映照下犹如披上了一层银纱，晶莹纯净、皎洁柔美，如银河坠落凡间。如果说黄果树瀑布是雄浑伟岸男子，那银链坠潭瀑布就是亭亭玉立的女子，她温柔地漫过岩石，唱响了一曲婉约的情歌，亘古不变。

①

②

Chang Bai Shan Tian Chi

长白山天池，一泓池水千丈峰

长白山天池像一块瑰丽的碧玉镶嵌在雄伟的长白山群峰之中，又像天使落在人间的一滴清澈的眼泪。“一泓天池水，倒映千丈峰”，她是那样的清，那样的静，那样的深邃。

长白山位于中、朝两国的边界，气势恢宏，资源丰富，雄奇与秀丽兼而有之，实为东北第一山。而位于山顶的天池更如人间仙境，景色绝美，吸引着中外游客。

据说长白山天池本来是太白金星的一面宝镜。在一次蟠桃盛会上，太白金星掏出宝镜对西王母的两个女儿说：“只要用它一照，就能看到谁更美。”首先是小女儿接过镜子，照了一下之后就给了姐姐。姐姐接过镜子之后左看右看，总觉得自己漂亮。此时，宝镜说话了：“我看还是妹妹更漂亮。”听到宝镜这样说，姐姐非常生

▲长白山天池

▶长白山秋色

气，于是就把宝镜扔下了凡间，宝镜就变成了天池。

这只是一个美丽的传说，其实长白山形成于1200万年前地质造山运动，它原是一座火山，历史上多次喷发。据史籍记载，自16世纪以来它又爆发了三次，当火山爆发喷射出大量熔岩之后，火山口处形成盆状，天池是岩浆喷发的锥管，经过多次喷溅，拓成了巨型的伞面体，当火山休眠时涌泉溢出，时间一长，在雨水、雪水和地下泉水的作用下积水成湖，便成了约十平方千米的浩瀚水面，即现在的天池。而火山喷发出来的熔岩物质则堆积在火山口周围，成了屹立在四周的十六座山峰，其中七座在朝鲜境内，九座在中国境内。天池是中国和朝鲜的界湖，西坡山顶则有中朝两国的界碑，站在湖边可眺望朝鲜境内的另一半山巅。

长白山天池位于群峰环抱之中，海拔2194米，因其所处的位置高而得名。是中国最高的火口湖。它大体上呈椭圆形，南北长4.85千米，东西宽3.35千米，面积9.82平方千米，周长13.1千米。水很深，平均深度为204米，最深处373米，是中国最深的湖泊，总蓄水量约20亿立方米。天池是一个巨大的天然水库，沉静清澈的天池犹如一块碧玉一般，给人以神秘莫测之感。

多条登山路，风景各不同

游天池最佳时节是盛夏，这时云雾较少，容易一睹天池的真面目。目前长白山的北坡、西坡、南坡三个景区都可以到达天池，但因角度不同，三处看到的天池景致也各不相同，有人把这三个方向的景致做了个形象的比喻：北坡像男人，俊朗大气；西坡像女人，细腻柔美；南坡像情人，温情浪漫。

西坡的角度更广阔一些，天池从这里看起来也尤为美丽震撼。若要爬上西坡，需要踏1442级台阶方才能到达观景台，每一级台阶上都写有数字，表明你当前的进度，当最终到达坡顶时，就能看到湛蓝的天池全貌，平静得就像一面镜子，把天池周围的山峰的倒影都清楚地显示出来，美轮美奂。用“一泓天池水，倒映千丈峰”来比喻天池，形象地描绘了它的壮观和气势。但当广角镜头把天池收入镜头时，又会感觉山巅托起的这块宝石蓝，更像仙人落在人间的一滴清澈的眼泪，即使在阳光灿烂的日子里也能读出它的那份忧伤之美。让人不禁联想当年，无数次火山爆发，炽热的岩浆从火山口喷涌而出，最后化作一片碧水留在这片苍茫之中，成为地球上一枚晶莹珍贵的泪滴。

由于开发时间较晚，这里保留了更多的原生态景致，比较安静，除了水之外，就是巨大的岩石。天池水中原本无任何生物，但近几年，天池中出现一种冷水鱼——虹鳟鱼，此鱼生长缓慢，肉质鲜美，来长白山旅游能品尝到这种鱼，也是一大口福。

不时听到有人说看到有水怪在池中游水，有关部门在天池边建立了“天池怪兽观测站”，科研人员进行了长时间的观察，并拍摄到珍贵的资料，证实确有不明生物在水中游弋，但具体是何种生物，目前还是一个谜。此外，人说看天池要有好天缘，看天池要有好运气。有统计说长白山的天池全年雾

①

②

日达260多天，天池云雾变化万千，能见度也许只有几米，刹那间云开雾散天池便露真颜。天池的时隐时现，变幻无端加之水怪传说，更让它充满了神秘的色彩，使得越来越多的人心向往之。

观长白瀑布，泡聚龙温泉

天池的水从一个小缺口上溢出来，流出约一千多米，从悬崖上往下泻，形成了著名的长白山大瀑布。大瀑布高达68米，距瀑布200米远可以听到它的轰鸣声。瀑布口有一巨石，名曰“牛郎渡”，将瀑布分为两股。两条玉龙似的水柱勇猛地扑向突起的石滩，冲向深深的谷地，正所谓“银河落下千堆雪，瀑布飞流万缕烟”。

在长白瀑布不远处还有一处温泉群，名为聚龙泉。这是一个分布面积达1000平方米的温泉群，共有13眼向外喷涌。它以绚丽的色彩把周围的岩石、沙砾染得金黄、碧蓝、殷红、翠绿，闪烁着五光十色，散发着蒸腾热气。温泉带长150米，宽30～40米，水温常年保持在60℃～82℃之间，属高热温泉。一种淡淡的硫黄味在空气中飘浮，还有珍珠似的气泡冒出水面，吐出开锅似的声音。这里设有温泉浴池，供游人洗浴。

❶ 长白山白桦林
❷ 长白山小溪
❸ 长白山大瀑布

Qian Dao Hu

静谧的千岛湖畔，

呼吸最纯净的空气

空中俯瞰，一颗碧色的明珠镶嵌在风水秀丽的江南，极为耀眼。阳光洒向明珠表面，顿时发出夺目的光芒，这便是中华民族智慧的结晶和华夏大地千百年来自然形成的美景——千岛湖。

中国式制造的美景

千岛湖坐落于杭州市淳安县境内，距杭州市129千米，又名新安江水库，是国内第一座自主设计建造的人工湖，首批国家级风景名胜区之一，也是中国面积最大的森林公园。千岛湖占地面积约982平方千米，其中湖区面积达573平方千米，当水位高度为108米时，面积超过2500平方米的岛屿有1078个，因此得名“千岛湖”，全岛岛屿超过2000个。千岛湖平均水深为34米，最深处可达108米。湖水自黄山六股尖主峰流淌，一路奔流，其间汇集各条溪水直至千岛湖，真有大摆擂台英雄聚此逐鹿的意味。千岛湖与西湖、黄山和武夷山共同为诗画江南增添了古韵和神采，为水乡福地装点上了四块难寻的天然瑰宝。

千岛湖的自然美景源自它特殊的地理位置和气候特点。千岛湖地处亚热带地区中部，属于亚热带季风性气候，四季分明，全年平均气温在17℃左右，温差较小，雨季长155天，年平均降水量为1430毫米，是一处阳光充足、雨量充沛、温度适中的好地方。岛上植被丰富，覆盖率高达

100%，能见度深达12米，属国家一级水体，被赞誉为“天下第一秀水”。在湖水和阳光的共同调节下，千岛湖气候湿润而温暖，夏季多东南风，并在太平洋副热带高压的影响下呈现高温湿热的气候特征；冬季，北方高压南下并和着西北风，多干燥少雨天气。

❶ 千岛湖夕照

❷ 千岛湖全景

❸ 海瑞祠内雕塑

湖水中的文化与历史

千岛湖所在的淳安县已有1800多年的历史，素以“锦山秀水，文献名邦”著称。其悠久的历史造就了千岛湖独特的人文特色与历史奇观。

五龙岛有新石器时代文化遗址，小塘坞有西周至春秋文化遗址，水碓有春秋战国至晋的文化遗址；密山岛有骨塔、蜜山

庵、尹山庵等古代寺庙建筑；还有叶公墓、郑允中墓等古墓在千岛湖上历经风雨，保留至今。其中，最让人惊讶的是水下古城遗址——贺城和狮城。

狮城与贺城两座城池始建于汉唐年间，1959年，为了建造当时最大的水利枢纽工程新安江水电站，29万人离乡移居，这两座延续了千年的古城，连同27个乡镇、1000多座村庄、30万亩良田和数千间民房，悄然沉入了碧波万顷的千岛湖底。沉没于湖底的两座城池其保存的完整性令人惊叹，城内外原有的整体布局没有改变，包括桥梁、古井等都还保存；有些木构建筑的梁架、瓦顶等都还留存；明清时期的牌坊上，所雕的图案还清晰可见。

▲黄山尖风光

千岛湖景区古建筑众多，如瀛山书院、石峡书院、蜀阜书院、海瑞祠、贺齐庙、魁星楼、龙门塔、琅官塔、小金銮殿以及瑶山和芹川的风雨古桥、节孝坊等，还有分布在山乡村野中的明清民居建筑、宗祠、家庙等。这些古建筑是千岛湖历史的鉴证与记录者，它

▼千岛湖渔火

们将继续书写未来。

无法错过的山水画轴

在满眼碧绿的世界中摇橹前行，一座座岛屿默契地组成了一幅连续的山水画。

梅峰岛是千岛湖中最具特点和魅力的景观，登岛拾级而上便见“梅峰门”三字。傲雪梅花山中开，苍翠青松迎客来。石阶古道伴君上，浓郁茶香引君来。林立的青松和绽放的梅花使梅峰岛充满魅力。岛上树木繁茂，生长着连理松、马尾松、野果树等，山间还有人工种植的蜡梅、红梅、白梅、绿梅等共计5000多株。梅峰之巅有一处人工建造的仿古茶室——梅峰茶室。登至观景台眺望，300余座大小岛屿尽收眼中。这一刻，仿佛被众岛环绕、被湖水依托，天、地、人、湖水、小岛、山峰奇妙地融合在一起。梅峰岛四季都有美景：春天观赏山花烂漫，盛夏乘凉绿荫之下，金秋采摘野果满地，冬季享受踏雪寻梅。四季景色变化多样，乐趣无穷。

千岛湖的每一座岛屿都有自己的故事，每一座岛屿都是一个神奇的所在。鸵鸟岛上，人们可以与数十只来自非洲和澳洲的鸵鸟近距离接触，抱着鸵鸟的脖子合影、骑着鸵鸟比赛，各种娱乐参观项目十分有趣；猴岛上六个猴群上百只猴子在这里安逸、自在地生活；神龙岛以观赏蛇类为主，岛上有五步蛇、眼镜蛇以及无毒蛇50余种，一万多条蛇，堪称蛇的世界；黄山尖风光旖旎，岛屿姿态万千，排列疏密有致，好似一串串珍珠洒落在湖面上……1000多个岛屿，1000多种美丽，人与自然、人与动物在这方天地间和谐共存。

Yan Dang Shan

雁荡山，几分抒情，几分放浪

夹着寒意的秋风如期而至来到北方，将炎炎夏日的热情匆匆赶走。浓绿茂密的叶子禁不起瑟瑟冷风纷纷变成了干枯的黄色，有的甚至飘落在地上，大雁因失去了爱巢又要开始一年一次的南飞之旅。雁是有灵性的动物，它们有秩序地、目标明确地向南飞行，终于在一座高山上觅到了一处难得的栖息之所，因环境优美，气候适宜，它们将这里当作南方的家，周而复始地在此度过严冬。这就是因大雁而得名的“东南第一山”——雁荡山。

雁荡山是中国“十大名山”之一，位于温州市乐清境内，占地面积为450平方千米。雁荡山形成于距今1.2亿年前的火山喷发，难以想象的炙热破坏了地上的一切，山石崩塌，地带断裂，林木尽毁，兽禽亡逝。经历亿万年岁月的冲刷和侵蚀，雁荡山呈现出现在这种峰秀石奇、洞古潭深、瀑美湖绿的形态，徐霞客曾慨叹：“欲穷雁荡之胜，非飞仙不能。”如今，雁荡山已经成为国家地质公园、世界地质公园，成为全世界的胜景。

❶ 雁荡云雾
❷ 雁荡山奇峰兀立
❸ 雁荡怪石

“雁荡三绝”甲天下

雁荡山在唐宋时期算是小有名气的游览之地，到了明代就已经成为声名远播的名山，慕名而来的游人络绎不绝，“雁荡三绝”——灵峰、灵岩和大龙湫是雁荡山的精华所在。

灵峰位于雁荡山东大门处，面积约46平方千米。山势陡峭，崖深谷幽，峰危石奇，潭清水碧，形成了雁荡山景区一道独特的风景线。漫步其中，赏山峰环绕，奇石遍布，潭水点缀，景色随脚步变幻万千，妙不可言，美不胜收。灵峰名胜不胜枚举，形态各异的观音洞、北斗洞，模仿佛家手势的合掌峰等各具特色，引人驻足。其中，最具魅力的当属灵峰夜景。当夜幕降临，日光下平静、普通的山峰忽然披上了神秘的盛装，月光洒在山中，如同一幅浓墨重彩的画卷，处处透着神秘和优美，游人如进入仙境一般，更有“灵峰日景耐看，夜景更销魂”的说法。灵峰山下青芝坞却是梅的世界，梅园内种植有上千株梅树，其中罕见的“夏蜡”有200余株，每当梅花盛开的时候，山坞中梅林似海，落英缤纷，暗香浮动，景色十分诱人，被称为“灵峰探梅”。

大龙湫瀑布

▲远望灵峰

灵岩高约270米，岩底并排分布着3个岩洞：伏羲洞、风洞和灵岩洞，并延展到灵岩深处。仰望灵岩，日光从岩峰穿过，宛如光束从天际倾泻而入，元代文学家李孝光赞道："峭刻瑰丽，莫若灵峰；雄壮浑庞，莫若灵岩。"灵岩的壁立千仞和陡峭险峻给探险者提供了挑战自我的机会。"灵岩飞渡"是灵岩景观中一种刺激的高空杂技表演，表演者从天柱峰顶采用缆绳悬空滑下，速度与激情表现得淋漓尽致，也让游客大饱眼福。此外，灵岩周围的玉女峰、龙鼻水、天窗洞、双珠瀑、灵岩寺等，都是游览灵岩不能错过的景观。

"雁荡三绝"中最为奇绝的当属大龙湫。宋代诗人楼钥有诗云："北上太行东禹穴，雁荡山中最奇绝。龙湫一派天下无，万众赞扬同一舌。"与其他二绝以景取胜不同，被誉为"天下第一瀑"的大龙湫，其绝妙在于它能因时而变、因势而转，不仅形式多样，而且变幻万千，惟妙惟肖。早春时节，褪去冬天的寒意，万物复苏，重着绿装，微风飘过，大龙湫宛如少女柔顺的长发，从顶部垂入池中。盛夏时节，雨伴雷声，大龙湫在自然条件的作用下，时而如出海白龙飞腾入空，吼声冲天；时而穿云俯冲，口吐珠花，雷声在山谷中回响，振聋发聩的感觉让游人不寒而栗。大诗人袁枚赞美道："龙湫之势高绝天，一线瀑走兜罗棉，五丈以上尚是水，十丈以下全为烟，况复百丈至千丈，水云烟雾难分焉。”郭沫若也曾赋诗：“白龙奋鬣过前川，崖壁缠绵荡玉烟。最是无端人入画，醍醐灌顶未知怜！”足见龙湫瀑布恢宏的气势和飞流而下的壮观场景。

东西南北中，观赏山景不落空

据《载敬堂集》记载：“雁荡山以瓯江自然断裂，分北雁荡山和南雁荡山。近人以景观区位，有北雁荡山、南雁荡山、西雁荡山、东雁荡山、中雁荡山之称。”

雄踞东面的东雁荡山因山形多像屏风，又名半屏山景区，面积近1平方千米。山体多呈现一侧岩壁峭立平直，似斧劈刀削而成的断崖绵延数千米，壁立千仞，形态各异，如同不断延展开来的巨幅石岩画卷。惟妙惟肖的画屏因形态不同被赋予形象的名字，如迎风屏、孔雀屏、鼓浪屏等，都是中国目前发现的最长最大的海上天然岩雕，有“神州海上第一屏”的美誉，与人工建造的“海上岩礁园”形成了乐趣无穷的游览区。雁荡山中瀑布遍布，飞流直下的垂练形成多个潭池，最著名的就是梅雨潭。著名文学家朱自清在《绿》中这样描述梅雨潭：“仿佛一只苍鹰展着翼翅浮在天宇中一般。”瀑布像银丝线般落入潭中，阳光洒向水面，金光闪闪，泛起的水珠晶莹剔透。

▲灵岩禅寺

▼灵峰探梅

与险峻陡峭的东雁荡山相比，清新幽雅的西雁荡山定是优美的代名词。面积达128平方千米的景区内，潭水碧澈，瀑布飞流，峡谷幽深，共有230多处名胜。最具名气的鳄鱼潭镶嵌在岩壁之中，潭水清澈见底。最高的瀑布当属由九龙瀑和三折瀑组成的百米高的巨大水幕，水流自天上奔流而下，到中段开始分流成数股，宛如九龙喷水一般。而位于金坑峡景区内的一溪九瀑更是各具特色，瀑瀑相扣，惊喜不断，让人叹服。有水自然有石，这里的礁石多达270多

座，依水势相连，因大小不同而呈现层次形水流状，似怡然嬉戏的大地生灵一般。

俗语讲“北雁好峰，南雁好洞”。北雁荡山是雁荡山景区中最红的明星，人们通常所说的雁荡山一般都指北雁荡山，这里被世界地质专家誉为“古火山立体模型”。北雁荡山山峰形势突兀，怪石嶙峋，古树参天，瀑布奇秀，享有“寰中绝胜”的美誉，山中景点多达380余处，包括“雁荡三绝”、显胜门和雁湖五处等，个中美景妙不可言。南雁荡山享有“浙南第一胜景”之美名，面积达97.68平方千米，有67峰、28岩、13潭、9石。会文书院隐藏在峰峦叠嶂的群山之中，书院由北宋末年著名洛学代表人物陈经正、陈经邦所建，此后儒学大师朱熹曾率弟子在这里讲学。书院右山悬崖下，有一处清朝同治年间建造的释教场所，名曰“观音洞”，洞高21米，宽41米，殿宇依洞而建，主次分明。山顶有普陀峰和凌霄峰，洞内联珠瀑终年

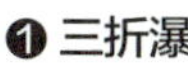

❶ 三折瀑

同一水瀑三越重岩、飞流直泻，而成为上、中、下三个姿态各异的飞瀑。故称三折瀑。

❷ 玉甑峰晨晖

❸ 合掌峰

合掌峰的“掌心”有一天然洞天，洞似一大型石室，洞内有一石柱悬垂至地，洞上及洞周石壁雕有观音像。

不断地从岩顶飞洒入池，潇洒至极。仙姑洞、十八进士洞、连环洞等景观都为南雁荡山增添了传奇色彩。

被四山环绕的中雁荡山总面积94平方千米，以湖光山水闻名，但由于地理位置特殊，鲜为外界所知。玉甑峰高耸入云，周围的一切仿佛都围绕它而设立。接近峰顶的地方有一处美妙绝伦的洞中洞——玉虹洞，与峰顶的山水小世界遥相呼应，足见大自然创造世界鬼斧神工的技艺和高深莫测的设计。玉甑峰下分布着白石湖、钟前湖和龙山湖，总面积为6.92平方千米，总蓄水量达3600万立方米。湿润清爽的气候，秀美怡人的环境使这里成为避暑度假的胜地。中雁荡山不仅是旅游胜地，更是道教圣地，杨八洞就是中雁荡山上一处著名的道教场所。《云笈七签》将杨八洞尊为“天下第十九洞天”，此洞也被赋予了浓厚的神话色彩，从八个洞府的名字可见一斑：宝光、观音、透天、透海、龙滚、八仙、混元、玉蟾。当地人现在还保留着每日清晨攀山烧香的习俗。

五山连绵并各具优势，将游览完全变成了欣赏一幅连环画卷，而且每卷内容不同，卷卷出新意，人们在赞叹的同时也深深地记住了它们的身姿。

Dan Xia Shan

丹霞山，

奇特的露天地质博物馆

山，色如渥丹；水，清婉如碧；丹霞山之美，雄奇中不乏秀美，绚烂中饱含禅意。它，优雅沉静，静立于喧嚣的城市之外，等待着人们前去寻幽探胜，忘却凡尘俗世，享受片刻的宁静。

位于广东仁化县境内的丹霞山，被誉为“中国红石公园”。丹霞山的海拔仅有408米，但它却有着独特的风采：远看如同被红霞渲染，近看如同五彩花石，悬崖峭壁好似刀斧并立，直插蓝天，其内又隐藏着无数岩洞，千奇百怪。因此，与此相近的红色砂岩地貌被称为“丹霞地貌”，与贵州赤水、福建泰宁、湖南崀山、江西龙虎山、浙江江郎山一并被列入《世界遗产名录》。

一直以来，都有“桂林山水甲天下，不及广东一丹霞”的说法，虽说是一种溢美之词，但却丝毫不为过。方圆290平方千米的丹霞山，是一片广阔的红色山群，它的颜色如红霞般绚丽，所谓“色如渥丹，灿若明霞”，丹霞之名由此而来。

奇石之旅

丹霞山景区最美的地方，便在于长老峰，不登长老峰，便无法领略丹霞山的真貌。长老峰与海螺峰、宝珠峰并连，构成一块连体的峭壁，以三级绝壁和三级崖坎为基本层次，凸显出了赤壁丹霞的绝美景观。

沿着山间的石阶不断攀登，越过疏密相生的锦石岩，便来到别传寺古刹，该寺是高僧澹归禅师于康熙年间创建，众多名僧都曾在此说法，其规模之大，与广东境内的任何一个寺庙相比都不逊色，被誉为丹霞第一关隘。

穿过别传寺，仰望头顶三峰耸峙，大大小小的石峰、石墙、石柱散落在深绿色的山林间，高低参差，错落有序，如同临阵的勇士一般，各自据守着各自的位置。那奇

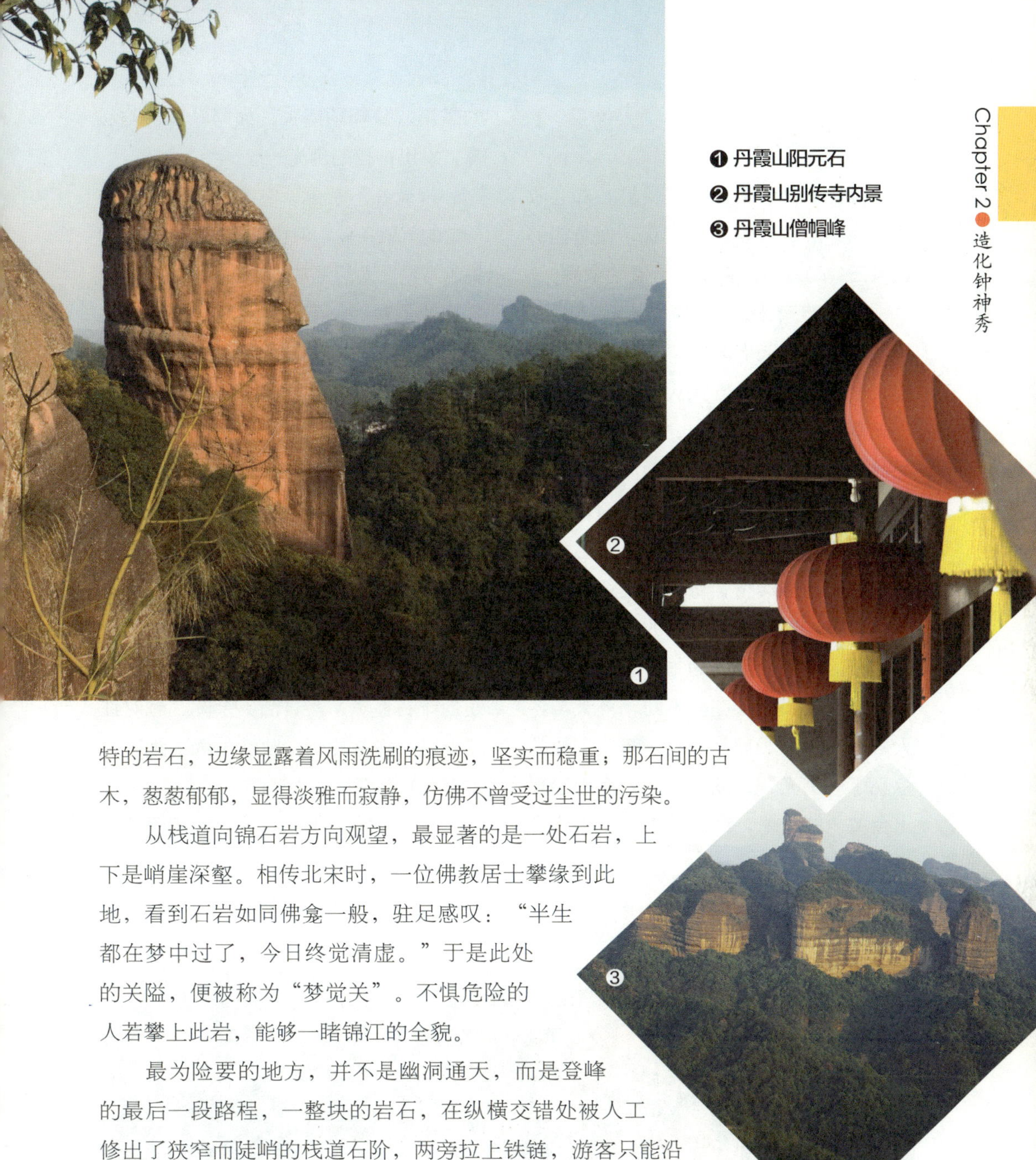

❶ 丹霞山阳元石

❷ 丹霞山别传寺内景

❸ 丹霞山僧帽峰

特的岩石，边缘显露着风雨洗刷的痕迹，坚实而稳重；那石间的古木，葱葱郁郁，显得淡雅而寂静，仿佛不曾受过尘世的污染。

从栈道向锦石岩方向观望，最显著的是一处石岩，上下是峭崖深壑。相传北宋时，一位佛教居士攀缘到此地，看到石岩如同佛龛一般，驻足感叹：“半生都在梦中过了，今日终觉清虚。”于是此处的关隘，便被称为“梦觉关”。不惧危险的人若攀上此岩，能够一睹锦江的全貌。

最为险要的地方，并不是幽洞通天，而是登峰的最后一段路程，一整块的岩石，在纵横交错处被人工修出了狭窄而陡峭的栈道石阶，两旁拉上铁链，游客只能沿着丹梯铁索攀缘而上。攀登之时，才会切身体会到面临险境的那种胆战心惊。身在石壁边缘，仰面向上而望，几乎令人眩晕，直壁将天空分隔为二；向下看去，感到身边顿时失去了依附，崖底的碎石与山涧是那么遥远，令人心生畏惧，只敢扫去一眼立即收回，步步小心地低头而上。心中不断叹道：在这自然之力面前，人类是多么渺小与卑微。

日月星辰共一天

虽然攀登辛苦而令人畏惧，却会收获人间绝美的风景。这收获，便是能够在风云变幻之中饱览整个丹霞的全貌。

在长老峰观日，最为壮观绮丽。黎明之前站在长老峰上，向东方极目远望，会发现旭日如同风火球，像金轮一样起落盘旋，忽然浮起，又忽然不见，如此这般两三次，才缓缓地向上升起。丹霞的日出，与泰山的日出不同，它是在四处的群峰簇拥下升起的，有名句说它“壮观无殊泰岱，奇美不让黄山”，所言不虚。并且，这日出的美景总是随着不同的天气、不同的季节而产生不同的形态，云多云少完全不同，夏天与冬天各有特色。2013年，长老峰山顶更是惊现了“佛光”，从白色的云海中展现出金黄色的光晕，光晕之中浮现出山顶的黑影，从峰顶望去，如同一尊佛陀现身，发出神秘的佛光一般。

佛光并不常见，它的形成需要依赖一定的气象条件，但山峰间环绕的云海却更为常见，人们常常能够从中观察到意想不到的美景。晴朗的早晨登上峰顶，站在山云缭绕之中，恍如浮沉在虚无缥缈的仙境。眺望远处，淡淡的月亮尚未隐去，星辰的亮光仍旧闪耀，而太阳却已钻出云层，在云海之中射出几丝光芒——此时，日月星辰共聚一片天空，那种奇景，并不比佛光逊色多少。

长老峰的观日，并不仅仅局限在日出，日落时分更是令人惊叹。傍晚时分站在峰顶，脚下是蜿蜒的锦江流水，远处是峰石叠嶂，落日洒下余晖，顿时红霞千里，将整片天空映红。天上地下，光影下的丹霞更令人迷醉。

晴天观赏日出和日落，而阴雨天时

▼丹霞山

则更有它的奇妙之处，向远处眺望，峰峦在汹涌的云涛之下凝固不动，山色由墨绿变为深灰，进而轮廓模糊，远处的群象出山、茶壶峰、姊妹峰等丹霞风光一览无余，令万千摄影爱好者在此追逐等待，乐此不疲。

▲丹霞山阴元石

阴阳元石

长老峰的美景，的确令人心旌荡漾，而丹霞山的标志，却是长老峰对面的阳元山，而阳元山的标志，是那天下奇景阳元石。阳元石高28.5米，直径达7米，据科学家推算，约有30万年的历史，在世界上绝无仅有，被称为“天下第一奇石”，在原始人类生殖器崇拜的时期，这块像极了男性阳具的、栩栩如生的天然石柱，直指天穹，让人顶礼膜拜，而今，则令游客感到神奇无比。

仅有阳元石，似乎不能体现出大自然的神奇造化，奇妙的是，与阳元石隔江而望的翔龙湖边，竟然还有一块与阳元石相对应的，高10.3米、宽4.8米的阴元石，它静静地隐藏在幽谷之中，在溪流的环绕下与阳元石遥遥相对，被冠以“母亲石”、“生命之门”的名称，也被称为“神州第一绝景”。阳元石刚强、坚毅，阴元石柔滑、沉静，两者的形状、比例、色泽，无一不与人类的男女生殖器官相仿，它们一阴一阳、一大一小，来到此处观赏的人，除了惊叹，也只是讶然了。

除此之外，阳元山景区更有混元洞、古山寨、天生桥、拟人物石等各种造型奇特的怪石，造于明代的细美寨，险守在悬崖栈道之口，同样令人啧啧称奇。

在长老峰景区与阳元山景区之间，是另外一处风景区——锦江景区，它一线串珠，以锦江水路为线，以两岸沿途的几十处景点为玉珠，将丹霞山的整个风景区划一为二。锦江下游东侧是翔龙湖景区，以湖面酷似飞翔的青龙而得名，沿湖分布着十八处奇石怪峰自然景观；中游东侧为长老峰景区，上游西侧为阳元山景区。穿过阳元山景区继续向西，则会到达巴寨景区，那里有丹霞山的最高峰巴寨峰，巴寨峰的山腰是一处百米多高的绝壁，只有一条缝隙能够攀至山顶，是历代战乱时期的天然军事堡垒，可以称得上真正的“一夫当关，万夫莫开”，在历史上从未被攻破过。而游人若想要登上峰顶，大概只有借直升机了。

Chapter 3

人间绝美胜境，

任思绪飞扬

Xiang Ge Li La

香格里拉，走进心中的日月

1933年，英国作家詹姆斯·希尔顿出版了一部名为《消失的地平线》的小说，小说中描述了一个永恒、透明的雪山草原世界，该地从此成为人们梦中的世外桃源。那里是藏族人的家园，为圣洁的雪山统领，永远碧蓝透亮的天空与湖水，山中隐约可见神秘的佛寺与鲜艳的经幡，这个地方，就叫作“香格里拉”。

香格里拉在青藏高原南缘，滇、川、藏大三角区域，是云南面积最大、人口密度最小的地方，由于地广人稀，人迹罕至的地方珍藏着众多处子般的青峰与湖泊。小说的故事时间是在第一次世界大战时，主人公是英国的外交官，他和另外三名西方人所搭乘的飞机被莫名的飞行员劫持，偏离了原定航向，飞机无意中落到滇北的一个山谷中，飞行员不知何故濒于死亡。他临死前告诉四名乘客，这里是中国的藏区，叫作香格里拉。圣洁的金字塔形的雪山，洁净的湖泊，热情的藏民，神秘的文化，这里如仙似画的景象令主人公忘记了生死，误以为自己来到了天堂，脱口而出这里是世界上独一无二的地方。

❶ 香格里拉白塔

❷ 香格里拉藏民打酥油茶

❸ 香格里拉的缤纷原野

“香格里拉”这个梦幻般的词便这样不胫而走，它意味着“伊甸园”、“世外桃源”，引来世人无尽向往。自小说出版的半个多世纪以来，人们寻找这片圣地的热潮经久不衰。事实上，香格里拉到底在哪里无人知晓，人们一度认为它或许只是詹姆斯笔下虚构的理想之乡，然而书中的景象成为一个萦绕不绝的梦，引来无数探险家苦苦寻求，探寻它的所在，所见却都与书中描写的情景不尽一致。

1995年，一位旅行社的职员终于得知“香格里拉”是西藏某地的方言，经过多番考察，他来到了云南迪庆藏族自治州的首府——中甸。“迪庆”正是“香格里

拉”的同义词，在藏语中意为“心中的日月”。中甸地广人稀，雪山高耸入云，脚下绿草成茵，东方桃源式的生活画面，宁静淡泊的氛围，人与自然和谐相处，这里被认为是与詹姆斯小说中的“理想乡”最为相似的地方。自此，这片原本默默无闻的土地，一下子名动天下，成为旅行者们逃避纷扰现世的绿洲。

中甸是亚洲几大河流流经的地方，境内雪山耸立，湖泊碧蓝。大自然的雄浑力作，缔造了哈巴雪山、浪都雪山等诸峰，雪山深处更有属都湖、纳帕海、碧塔海等处子般清澈的湖泊，湖水清冽纯净，未受任何污染，与洁白的雪山和湛蓝的苍穹相映成趣。石头砌成的山路蜿蜒伸展，茶马古道上的独克宗小镇，历经千年风雨的老街上似乎还留有马蹄踏过的痕印，这里是马帮进入藏区的第一站。

自从中甸改称香格里拉，“独克宗”就变成了香格里拉的古城。古城依山而建，据说它是依据佛经中的香巴拉理想国建成的。“香巴拉”源自藏传佛经经典，有一种说法认为，它也是“香格里拉”一词的来源。经典中提到，世界上有一个隐藏在雪山中的世外桃源叫作“香巴拉”，那里没有贪欲和纷争，但这个地方到底在哪里，经典中也未说明。独克宗古朴空旷，天空蓝得彻底，一排排典型的藏族民居，高大的白墙，深长的巷子里，常常空无一人。高原的阳光强烈，在拐角的阴影里，可见三三两两的藏民随意地坐着，神色安静祥和。夜晚降临，没有华丽璀璨的街灯，岁月久远的旧石头铺就的街道静谧无言，仿佛忘记了独克宗也曾荣耀一时，昔日茶马古道上的重镇，成群结队的马帮往来不绝，喧闹的街道上洋溢着酥油茶的香味。如今这些

❶ 香格里拉独克宗古城中的建筑

❷ 独克宗古城

“独克宗”藏语意为“建立在石头上的城堡”，已有1300多年的历史。

❸ 香格里拉的纳西族老人

纳西族是中国56个民族之一，绝大部分居住在滇西北的丽江市，其余少量分布在云南的其他县市和四川、西藏地区。纳西族有本民族语言，在艺术方面独树一帜，其诗文、绘画、雕塑、乐舞艺术皆达到较高造诣。

历史犹如一首传唱千年的古老谣曲，继续往无穷无尽的岁月中唱过去。

“不识庐山真面目，只缘身在此山中”，生活在香巴拉的人们可能从未意识到“香格里拉”是片乐土。然而对于大多数尘世中人，它犹如陶渊明笔下的“世外桃源”，虚幻迷离地在人们的现实生活与精神向往中游荡着，这也是香格里拉散发着无穷无尽的诱惑力的原因。

Xi Shuang Ban Na

西双版纳，感受异域五彩风情

西双版纳地处云南最南端，澜沧江纵贯其南北，古时又称“勐巴拉纳西”，意为“理想而神奇的乐土”。“西双”傣语为“十二”，“版纳”是“一千亩田地”的意思。在明代，“西双版纳”是景洪、勐海、勐养、勐旺等12个地名的总括，这片古老、富饶、多情的土地，是热情好客的傣族人的故乡。

景洪，傣语意为“黎明之城”，从古至今都是西双版纳的行政、文化中心。这里地处北回归线以南，又受印度洋与太平洋季风影响，属热带湿润气候，终年温暖湿润。雨林景洪，“常夏无冬，一雨成秋”，境内雨林如织，街头林荫大道纵横交错，遍植油棕、椰子、槟榔等热带植物以及各种热带花卉，傣族风情旖旎浓郁。城

内曼听公园、热带植物花卉园、民族风情园、原始森林园等地植物四季葱绿，花繁叶茂。

西双版纳的风情画卷，首先是浓得化不开的绿。原始森林公园是这里最大的生态公园，保存有完好的热带沟谷雨林，森林覆盖率高达98%。进入园中，只见峡谷幽深，古木森森，高大的棕榈树遮天蔽日。热带植物花卉园中则汇集了各种奇异、珍稀的热带花卉，各色鲜花争奇斗艳，五彩缤纷。葱茂的林木间湖水清澈。孔雀湖位于景洪中心，湖中建有傣式建筑，亭台水榭，众多热带孔雀在湖边繁殖栖息，仪态万千。孔雀是傣族人最喜欢的动物，傣族人民模仿它的姿态，创造了独具特色、流行广泛的孔雀舞。

傣族是西双版纳境内人口最多的少数民族，流沙河畔精巧的竹楼鳞次

❶ 西双版纳的酒瓶椰子树

❷ 西双版纳的哈尼族姑娘

▼西双版纳的村寨

栉比，正是傣族村庄的所在。傣族人爱水，几乎所有傣族村寨都傍水而建。竹楼一般分上下两层，上层住人，下层堆放杂物，饲养家畜。竹楼均用竹子支撑，通风透光。傣族男子身着对襟袖衫，妇女则多穿鲜艳的筒裙，婀娜多姿，她们陆陆续续从村寨中走出，或打鱼耕作，或浣衣。在四季不变的温暖阳光下展露着甜蜜的笑容，和一丛丛的鲜花、芭蕉、凤尾竹一起，构成一幅永不褪色的傣家风情画面。

曼听公园在景洪城内的傣族村寨曼听附近，千百年来就是西双版纳州傣王的御花园。园中有100多亩独具特色的黑心树林，林间藤攀葛绕，有佛塔、佛寺深藏浓荫之中。1961年，周恩来总理曾到曼听公园参加泼水节，与傣族人民同乐，公园内现建有周恩来身着傣服的铜像。

▲洗头浣衣的傣族女子

▲西双版纳泼水节

历史悠久的傣族，不但歌舞优美动人，佛教文化更是源远流长。傣族全民信仰小乘佛教，西双版纳随处可见大小各异的佛寺建筑。傣族佛寺建筑也独具特色，多以重檐多坡面平瓦为主，坐西朝东，交错起落，精巧庄严。其中曼飞龙佛塔、景真八角亭等是著名的建筑景观。

原始的傣族风貌在青山绿水中保留了下来，除了傣族，青山绿水间的西双版纳还居住着布朗族、拉祜族、哈尼族等13个少数民族。色彩纷呈的民族风情在四季青翠的景色里，如道道彩虹，自然而然地流动在天地间。

西双版纳曼听公园

曼飞龙佛塔

Jiu Zhai Gou

九寨沟，

人间仙境，童话世界

它以木为裳以湖为妆，坐拥满怀的山水，静静地卧于岷江上游的崇山峻岭之间，眉眼安详地等待着寻梦而来的旅人们。这里就是九寨沟，大自然的神工巧斧创作出的童话仙境！

九寨沟位于青藏高原东部边缘，四川省阿坝藏族、羌族自治州东北部，距省会成都四百多千米，是千里岷山环抱中一颗璀璨的宝石。九寨沟一带古称“翠海”，当地县志记载“水光浮翠，倒映林岚”，风光秀美早为人识。这里因为有九个藏族村寨，因而得名“九寨沟”。

九寨沟海拔在2000米以上，原始森林遍布，属高山深谷碳酸盐堰塞地貌。沟内分布108个湖泊，有“童话世界”的美誉。人们常说：“黄山归来不看山，九寨归来不看水”。九寨沟的美就美在水，这里的湖泊当地人称为“海子”，据说分布在九寨沟大大小小的海子一共有108个。关于这些海子，阿坝藏族民间也流传着这样的传说，说是男神达戈把宝镜送给心爱的女神色嫫，不料魔鬼出现，色嫫不慎打碎了宝镜，碎片散落到崇山峻岭之中，就变成了现在108个五光十色的海子，形成了这个如梦如诗的“梦幻世界”。两神合力战胜恶魔，最后以长相厮守的爱情使一片荒凉的不毛之地变成了天堂乐土。

在这儿有斑斓的彩林，青蓝的湖泊，缭绕的云雾，壮丽的雪山，还有或别致或壮观的流瀑，古朴的栈道，飘扬的经幡，那充满民族风情的古老的藏族村寨，还流传着生生不息的爱情故事……

九寨沟有三条主沟，分别是树正沟、日则沟和则查洼沟，三条主沟形成一个“Y”字形，每个主沟又分散着大大小小美丽的湖泊瀑布，形成了风格不同的自然景观。游览时可以从其中一条主沟开始顺次而下，景区内有观光游览车。去往九寨沟景区的交通也很方便，可以到达成都或重庆以后，再转机前往九寨沟——黄龙机场（九黄机场），或者考虑在成都搭车，也方便得很。

◀九寨沟树正群海

▼九寨沟诺日朗瀑布

日则沟，九寨之精华

九寨沟风景区的三条山沟呈“Y”型布局，日则沟为其右支。从诺日朗到原始森林，全长17千米，是九寨沟风景线中的精华部分，主要有珍珠滩瀑布、五花海、高瀑布、熊猫海、箭竹海等景点。这里风光绝美，变化多端，每一处都让人惊叹不已。

走进日则沟，首先映入我们眼帘就是绚丽的五花海。在这里，你肯定会惊叹大自然的神工妙笔！整个五花海的同一片水域，呈现出鹅黄、墨绿、深蓝等色彩，绿得像碧玉，蓝得像宝石，黄得像金子，斑驳迷离，色彩缤纷，这样一幅巨大的油画，也只有大自然可以造就。由于湖底的枯树钙化，变成了一丛丛美丽的珊瑚，在阳光的照射下，五光十色，也非常迷人。湖面上漂浮的枯死的老树，枝杈间也长出了小树小草，海子因此也变得更加富有生机了。当地的九寨人说：五花海是神池，它的水洒向哪里，哪儿就花繁林茂，美丽富饶。这样美丽的传说为五花海蒙上了一层神秘的面纱，却也代表着人们对于脚下这片土地的美好祝福。

游完了美丽的五花海，继续往下走，就来到了珍珠滩。1986年电视连续剧《西游记》中唐僧牵着马过河的场景就是在这里拍摄的。从珍珠滩上奔涌而来的水流自悬崖边滚落而下，形成一道宽阔的新月形瀑布，瀑布跌落谷底，发出震耳欲聋的吼声，形成一道狂溅的激流，这道激流是九寨沟所有激流中水色最美、水势最急、水声最大的一段。珍珠滩瀑布以它磅礴的气势，成为电视连续剧《西游记》片头景的拍摄点。此处负氧离子含量极为丰富，高出平原地区上百倍，有“天然氧吧”之称。

除此之外，景区里还有熊猫海、箭竹海，也会带给你不一样的审美感受！

则查洼沟，探访“人间瑶池”

欣赏完漂亮的日则沟，接下来就可以坐观光车到则查洼沟啦。则查洼沟处于九寨沟风景区“Y”形布局的左支，从诺日朗服务中心至长海，长近18千米，是九寨沟内海拔最高的一条游览路线。

▼珍珠滩瀑布

温馨提示

1.九寨沟沟口有很多宾馆，秋季属九寨沟旺季，客人最好提前预订酒店；
2.准备些晕车药、感冒药、创可贴、黄连素等常备药；
3.九寨沟禁止游客向水中扔放食品喂鱼。

▲九寨沟双龙海

最方便的旅行路线就是坐观光车直接到达山顶先观赏长海。长海是九寨沟所有湖泊中最大最深的，海拔在3000米以上，是九寨沟最高的湖泊。长海水面宽阔，壮美肃穆。远处的高山云雾缭绕，这里的冬天会出现雪山风景。

从长海出来往山下走1000米，就到了五彩池。五彩池是九寨沟湖泊中的精粹，池里生长着水绵、轮藻、小蕨等水生植物群落，同时还生长芦苇、节节草、水灯芯等草本植物。这些植物所含叶绿素深浅不同，在富含碳酸钙质的湖水里，能呈现不同的颜色。所以同一湖泊里，有的水域蔚蓝，有的湾汊浅绿，有的水色绛黄，有的流泉粉蓝……变化无穷，煞是好看！

树正沟，体验藏族风情

树正沟处于九寨沟风景区“Y”形布局的下支。从诺日朗瀑布至沟口，全长约14千米，主要景点有诺日朗瀑布、犀牛海、芦苇海等。

犀牛海是树正沟内最大的海子，也是九寨沟内景色变化最多的海子，倒影似幻似真，与天地、树林连成一体。传说是因为仙人的坐骑犀牛为了救落水的仙人，不幸永远沉睡在这片海子里，才有了犀牛海一说。

再往前走，展现在你眼前的就是气势磅礴的芦苇海。雾气将散未散的时候，漫天都是如海般起伏的白色芦苇，铺天盖地，各种各样的水鸟起起落落，当风吹开芦叶的时候，宛如帷幕开启，等待已久的演出开始让你激动不已，那缤纷的水色撞击着你的眼。湖水太清澈了，鱼儿像是在空中游动，无所凭依。柳宗元所写《小石潭记》，描写的大概就是这样一幅情景吧。

▲九寨沟树正寨小磨坊

树正寨是九寨沟九个藏族村寨中最大的一个，也是沟内投宿的最大聚集点。树正寨中，四处林立着藏族风情的旅馆。寨前有一座金黄色的佛塔，是藏民拜神念经的场所。寨里面到处飘扬着具有藏族特色的经幡。树正寨里还有一个民俗文化村，在那里大家可以观赏藏式建筑、彩绘及藏民的服饰，体验藏民的日常生活，感受藏民的衣食住行，古老的水磨房、栈道，依然向你倾诉着藏民昨日的历史。

俗话说，“九寨沟看水，张家界看山。”水是九寨沟的灵魂。它纯净透明，旷古悠远，让人一时忘却了欲望、贪婪与纷争。希望人们把脚步都放轻些，再轻些，不要惊扰了它的宁静。

九寨沟五花海

Shen Nong Jia

神农架，让心灵碰触最原始的感动

这里保存着古老的原始自然生态，奇山秀水，繁花杂树，隐藏着来自千古洪荒的神秘和诱惑；这里因为野人的传说不断吸引着科学探险者走进那片莽莽原林，探寻大山里的奥妙。走进神农架，让心灵碰触最原始的感动！

神农架位于湖北省西部，是长江与汉江的分水岭。相传炎帝神农氏曾在此采药，神农架因此得名。因为丰富的生物多样性，宜人的气候条件、相对闭塞的地理环境，神农架成为华中地区一片难得的处女地，享有“物种基因库”“自然博物馆”等众多美誉。

目前神农架景区主要包括神农顶国家自然保护区、燕天景区、香溪源旅游区和玉泉河旅游区四大景区，由于景点很分散，景点与景点相隔的距离比较远，所以游客朋友可以挑选最经典的神农顶景区和大九湖景区游玩即可。进出神农架的交通也比较便利，主要以公路为主，从十堰、宜昌、武汉三个方向进出，大都是抵达兴山县，然后换乘巴士直达神农架木鱼镇。

神农顶自然保护区——华中屋脊

来到神农架，不可错过的就是神农顶自然保护区。从木鱼镇上神农顶，一路云

①

雾缭绕，俊俏的山峰在雾中时隐时现，美不胜收。神农顶海拔3105米，终年雾霭苍茫，是名副其实的“华中第一峰”。一路走过去，山腰上分布着箭竹林海、冷杉林海和高山杜鹃林等，森林浩瀚、密如城垣。如果你是在五月中下旬来到这里的，那么你还能有幸看到杜鹃花开满山红的景象，欣赏到难得一见的云海。整个神农顶风景区主要有大小龙潭、金猴岭、风景垭、板壁岩等景点。

前往神农顶，首先经过的是神农谷。

❶ 白雪覆盖下的神农架

❷ 神农架野马河

神农谷既有黄山的险峻，也有张家界的灵秀，同时还充满着变化莫测的神秘，从景区标志处俯瞰神农谷，流云迷雾缠绕其间，山岭纵横、河流蜿蜒，壮观得很！

再往前走，看到一片风景如画，美如仙境的地方，这就是有名的风景垭。风景垭又名巴东垭，素来有“神农第一顶”的美誉，此处海拔2950米，是看云海的最佳地点。站在垭口极目四眺，到处都是奇峰秀谷，山峦起伏，石林丛生，竹海苍翠。这里也是一个天然氧吧，你可以在这里深吸一口气，将世俗的一切烦恼抛开，让一切的不顺心都随着白色的浮云飘去！

板壁岩也是神农顶景区里很有特色的一个景点，这里就是传说中“野人”出没的地方，多次发现有“野人”的足迹。从20世纪70年代末开始，就不断有科考人员来这里进行考察，发现有箭竹扭结搭成的窝，还有留下的粪便，依稀可辨有箭竹和小动物残骸，这些都绝非人类所为，必然是某种智慧生物的杰作。至今为止，有无野人尚无定论，眺望莽莽神农架，让人浮想联翩。

走进大九湖——湖北的“呼伦贝尔”

大九湖其实是一片沼泽地，处于山涧盆地。四周高山重围，在“抬头见高山，地无三尺平”的神农架群山之中，深藏着这样的一片平地极为少见，因此，大九湖享有“高山平原”的美誉，并被称为湖北的“呼伦贝尔”、“神农江南”。如果雨后清晨来到这片湿地，会看到山谷间雾色蒙蒙，白纱似的水汽蒸腾在这片绿洲之上，缭绕在群山之间，还能在清风中嗅出淡淡的花香。站在这片空灵的湿地旁边，你很难想象这里原来是一个高山湖泊，当时人是无法进入的，深深的沼泽足以把人吞没。直到20世纪70年代，政府为开发利用大九湖，发展畜牧业，就在这里修建了一条蜿蜒曲折的

❶ 神农架大九湖风光
❷ 科考人员在神农架

人工河，把四处漫溢的湖水汇集起来，形成一条河，叫黑水河。沼泽地逐渐控干，露出了湖底，才形成了今天的牧场。湖边长满了成片的野花，成群的羊群和散养的小猪都在这片绿地上吃草。这片原生态的湿地，吸引着很多珍稀动物在这里生活，有漂亮的白鹳，还有可爱的梅花鹿，动作迅捷的云豹等，都是国家一级保护动物呢！

香溪源——溪水脉脉昭君情

香溪源位于神农架木鱼镇西2000米处，209国道旁，是长江支流香溪河的发源地。清澈的香溪河经木鱼，穿越兴山，至秭归注入长江。她因为哺育过屈原和王昭君而闻名于世。当地民间相传，王昭君在出塞和亲之前，曾回故乡省亲，她路过溪边，在溪流中洗脸时，将一串珍珠失落其中，从此，溪水一年四季清澈见底，芳香扑鼻，所以叫香溪。

每年3月香溪河畔桃花盛开的时候，可以在溪水中看到一种淡红色的鱼，形似桃花，故名桃花鱼。传说这是昭君回乡省亲后，临别时依依不舍手弹琵琶向亲人告别，两岸桃花纷纷飘落水中，随着琴声化作桃花鱼。鱼群围着船儿，一直护送昭君远去。其实这香溪之所以清香四溢，是因为在香溪源头，奇花异草竞相开放，山中溪沟纵横，伴随着草木的芬芳，才使得溪水飘香。这里的溪水水质纯净，饮用起来甘凉得很，鞠一捧清水饮上一口，如同饮了美人情意缠绵的眼泪！

神农架的大美，就在她古老而年轻的原始生命里，在她永不停歇的视觉转换，在她富于传奇的人与自然和谐，在她以科学手段对自己的诠释与呈现。

Xi Hu

西湖，绿荫冉冉，醉不思归

这里是落入繁华人间的一处静谧的天堂，用江南水墨勾勒出的烟柳画桥，风帘翠幕，三秋桂子，十里荷香。走进杭州西湖的眸眼里，便会恋上它如诗如画的风景，恋上它故事里的漫漫柔情。

西湖位于浙江省杭州市西部，三面云山一面城，湖中被孤山、白堤、苏堤、杨公堤分隔，按面积大小分别为外西湖、西里湖、北里湖、小南湖及岳湖等五片水面，小瀛洲、湖心亭、阮公墩三个人工小岛锦上添花鼎立于外西湖湖心。夕照山的雷峰塔与宝石山的保俶塔隔湖相映，由此形成了“一山、二塔、三岛、三堤、五湖”

的基本格局。西湖的美丽动人不仅在于其外表的山水之胜，林壑之美，还在于它保存着众多文物古迹和深厚的历史文化内涵，因此，素有“天下西湖三十六，就中最好是杭州”美誉的杭州西湖，在2011年成为浙江省首例世界文化遗产，它也成了杭州市的风景名片。

漫步西湖岸

西湖风景美不胜收，最负盛名的就是“西湖十景”，包括苏堤春晓、平湖秋月、断桥残雪、雷峰夕照、南屏晚钟、曲院风荷、柳浪闻莺、花港观鱼、双峰插云、三潭印月。游玩西湖，可以随心从西湖边的某一个地点出发，一路走下去，便是满眼多姿的风景，满心惬意的享受。

你的旅行可以从漫步白堤开始。白堤是西湖著名三堤之一，全长大约1千米，两边桃花嫣红，柳枝泛绿，一片生机盎然的景象。白居易曾作诗云：“谁筑湖似一条路，绿草裙腰一道斜”，那时白居易在杭州做刺史，修筑过一条白公堤，后因湖面缩小而荒废，白公堤无迹可寻。但人们为纪念白居易为造福杭州百姓所做贡献，将后来的这条长堤改为白堤。白堤中间的“锦带桥”使白堤远看起来起伏有致，像是姑娘腰上的柔媚锦缎，为西湖增添了不少风景。行走在白堤，西湖全景和周边诸山的景色一览无余，心情会畅快得很。

白堤的尽头便是西湖景区中著名的断桥了，虽然看起来是很普通的单孔石拱桥，但民间白蛇与许仙的爱情故事却给断桥增添了浓郁的浪漫色彩，走到这里，便能情不自禁地想起爱情的邂逅。俗话说，西湖有三怪——孤山

西湖春景

▲断桥残雪

不孤，长桥不长，断桥不断。断桥之为“断桥”，一说是元代时附近住一户姓“段”的人家，取谐音变为“断桥”，另有人说是作为白堤的终点才取得此名。冬天的断桥，是观赏西湖的最佳之地。因每当西湖银装素裹之时，远观桥面，断桥在雪雾中似隐似现，美轮美奂。漫步断桥之上，犹如置身雪白的宫殿，四周寂静，只有踩雪时带来的沙沙声，静谧而绵长。

走过断桥，便到了西湖另一条长堤——苏堤。说到苏堤不得不提苏东坡，当年苏东坡主政杭州，为疏浚西湖带领百姓筑起了这条纵贯西湖南北的长堤，后人为缅怀他便有了“苏堤”。苏东坡在此留下的诗句“欲把西湖比西子，淡妆浓抹总相宜”，也成为西湖的千古绝唱。闲情漫步在苏堤，你会情不自禁地陶醉在醉人的景色里，谈情说爱也变得颇有韵味，因此苏堤也被称为“情人堤”。苏堤尤以早春晨曦初露时的景色最令人心醉，清康熙皇帝南巡杭州，品题西湖十景时，就以“苏堤春晓”为十景之首。

行走于苏堤，远远望见湖对岸矗立着一座宝塔似的山，那便是宝石山了。无论是天晴还是微雨的季节，宝石山远远望去就像朵朵彩霞漂浮在湖畔上空，山上那座高高耸立的宝塔就是西湖二塔中的“保俶塔”，与雷峰塔隔西湖相对，素有“雷峰似老衲，保俶如美人”之说。

如果你想看到传说中的“雷峰塔”，再往前走，看到那座金碧辉煌的塔便是了。这座记载着许仙、白娘子凄美爱情的宝塔，其实始建于五代吴越国时期，历史上确有因为几度战乱遭受重创被纵火烧毁的记载，之后轰然倒塌。新中国成立后又在原塔遗址上重建，在西湖十景中，“雷峰夕照”是历史上唯一毁损又恢复的景点，如今，它依旧屹立在西子湖畔，承载着历史的沧桑，集聚着世人的期盼，成为一种深深的坚守。

温馨提示

1.记得带伞。杭州是一座多雨的城市，没有雨也会很热，所以一定要记得带把伞。

2.带一件薄一些的外套，因西湖的潮气比较大，穿上以防潮湿，天气变化快，也可以防感冒。

雾笼西湖

雷峰夕照

人在画中游

赏西湖，不坐船是一种遗憾，因为湖中有著名的三岛。古时候人们常把想象中的海上仙山琼岛统称为“蓬莱三岛”，西湖也不例外。人们把湖心亭比作蓬莱，阮公墩称作方丈，三潭印月就叫作小瀛洲。因此，可以三四个人雇一艘船夫手摇的船，划船徜徉在明镜似的西湖里，尽情地感受一番天地空灵的自然美。

游船可以先向小瀛洲出发，到达三潭印月景区。从空中俯瞰岛屿，全岛如一个特大的田字，构成了“湖中有岛，岛中有湖”的奇景，岛上有九曲桥、开网亭、竹径通幽和我心相印亭等景点。小瀛洲的精华在于岛南面的三座石塔，称为三潭印月。它原是苏东坡疏浚西湖后，在苏堤外湖中所立的三座石塔，后三塔被毁，到了明天启元年，才又重建恢复了旧迹。每逢月夜，皓月当空，呈现出天上月一轮、湖中影成三的绮丽景色，真是一湖金水欲溶秋，有说不尽的诗情画意！

坐船在湖中还可以看到一座飞檐翘角的亭，那就是湖心亭，它不仅是亭名，也是岛名。湖心亭是西湖风景中最大的一座亭，重檐歇山式的屋顶，全用金黄色琉璃瓦铺盖，四面厅落地长窗，富丽堂皇，古朴庄重。倘若站在湖心亭中极目远眺，水光山色辉映，乾隆皇帝也曾经对此风光流连忘返呢！

与三潭印月、湖心亭鼎足而立的另一个湖中绿洲就是阮公墩。始建于清朝嘉庆五年，是浙江巡抚阮元疏浚西湖时用湖中挖出的淤泥堆积而成，后人为了纪念他的功绩，取名为阮公墩。后来对此岛进行了布局和营建，逐渐成为一处游览胜地，犹如西湖碧玉盘中一颗晶莹的翡翠，“阮墩环碧”景名由此而来。岛上旅游项目有垂钓和舫古夜游，是西湖夏季推出的特色旅游项目之一，成为吸引游客的生态岛。

另外，西湖附近还有许多历史人文景点，坐公交车可以到灵隐寺一游。灵隐寺拥有中国室内最大木雕坐式佛像，你可以在里面参观到许多形态各异的石窟、佛像，因灵隐寺是因为济公出名的，所以在这里千万别错过了济公殿哦！

西湖铜牛

不容错过的当地美食

叫花童子鸡是杭州首选的地方菜。传说是古时朝政暴乱使得许多百姓沦为乞丐，某天一个叫花子饿昏倒，难友便给他搞来一只小母鸡，用烂泥包裹起来，放在篝火中煨烤泥团，成熟后，意外发觉此鸡异香扑鼻，十分好吃。从此，这一别致的煨烤法便传开了。杭州厨师不断改进，采用嫩鸡、绍酒、西湖荷叶、腹中填料，进行精细加工，使烤鸡香醇透味，成为人们喜欢的传统名菜。

“西湖醋鱼”也是杭州名菜中的看家菜，选用大小适中的草鱼，先用清水氽熟，掌握火候，装盘后淋上糖醋芡汁。成菜色泽红亮，肉质鲜嫩，酸甜可口，实属人间美味。

苏东坡在杭州为政的几年，也为当地留下了一道美食，这便是大家耳熟能详的东坡肉。东坡肉是用猪肉炖制，一般是一块约二寸许的方形猪肉，一半肥，一半瘦，入口肥而不腻，带有酒香，十分美味。

此外，西湖的美食还有干炸响铃、宋嫂鱼羹、西湖莼菜汤、龙井虾仁等，土特产也有品南乳肉、杭州酱鸭、西湖龙井茶、西湖藕粉等，这些都包含着千百年来当地百姓的风土人情与烹调智慧。

▲**雷峰塔**

雷峰塔又名皇妃塔，位于西湖风景区夕照山的雷峰上。雷峰塔为五代十国时期吴越国王钱俶因黄妃得子而建，初名“皇妃塔”，因建于雷峰，后人改称“雷峰塔”。民间故事《白蛇传》中，法海和尚骗许仙至金山，白娘子水漫金山救许仙，被法海镇在雷峰塔下。后小青苦练法力，终于打败了法海，雷峰塔倒塌，白素贞才获救了。旧雷峰塔已于1924年倒塌，后重建，新建的雷峰塔为中国首座彩色铜雕宝塔。

Li Jiang

漓江，桂林山水甲天下

你或许见过波澜壮阔的大海，欣赏过水光潋滟的西湖，但你从未见过这样的水，秀丽碧透；你或许也攀登过峰峦雄伟的泰山，跋涉过连绵起伏的燕山，但你从未见过这样的山，绮丽清秀。走进桂林漓江，就是走进一幅连绵不断的画卷！

人们都说：“桂林山水甲天下，阳朔山水甲桂林。”几乎所有到过桂林的人都会对漓江的山水赞不绝口，这句话说的一点也不假。桂林漓江，源头在广西兴安县和资源县交界处的猫儿山，汇合灵渠后，南流经桂林、阳朔，向平乐方向流去，其中桂林到阳朔这一段，美丽的漓江就像是一条青绸绿缎，盘绕在万点峰峦之间，因此素有“百里漓江，百里画廊”之称。如果泛舟而下，就能看见奇峰夹岸，碧水潆洄，削壁垂河，青山浮水，形成一幅百里画卷。人们都说，漓江是桂林山水、阳朔风光的精华所在。听景不如看景，或许只有亲临其境，才能体会到这句话的精妙，才能领略到漓江的秀美。

游览漓江，一般是水路去，陆路回。水路从桂林到阳朔是83千米，有时候游船到阳朔后，再南游几千米，陆路游程加上回程大约81千米，当天就可以来回。而且景区内还有专门的车队进行水路联运，为游人服务。

漓江上泛舟打鱼

朝辞桂林入画中

船刚驶离码头，首先映入眼帘的就是迎面那座雄踞右岸的石山。它很像一只大象，伫立在江边，伸长鼻子在吸水。对，这就是著名的象鼻山。如果你仔细看，在“象鼻”和“象腿”之间，就形成了一个穿透的大洞，叫水月洞。江水从洞中穿过，半圆的洞身加上水中的倒影，就像是一轮满月浮江，“水月洞”由此得名。宋代蓟北处士有一首诗就对此做了生动的描述：“水底有明月，水上明月浮。水流月不去，月去水还流。”这首诗就刻在水月洞旁边的象鼻岩。

在水月洞附近的江底，有地下泉涌出来，水质明净清透，是著名的优质酒——桂林三花酒的水源之一。如果你再往象鼻山顶上看，就能看见一座塔，塔身是圆形的，远看就像个宝瓶，也像剑柄，所以塔就叫宝瓶塔或者剑柄塔。

船过了象鼻山，远远地就能望见左岸的穿山。山上有一个穿透的洞，叫月岩。它就像是挂在半空中的月亮，和象鼻山的水月洞相映成趣。而江右岸的那座与穿山隔江对峙的山，就叫斗鸡山。穿山和斗鸡山，活像两只公鸡，引颈振羽，跃跃欲斗，在朝阳映照下，更显得精神抖擞。

游船先后驶过南溪山和斗鸡山前，右岸出现一座形状奇巧的矮山，像半边瓷瓶倒卧在江边，它和水中的倒影浑然一体，恰似两个连着底座的瓷瓶，这就是净瓶山了。漓江的山就是这么奇峰罗列，形态万千，重峦叠彩，绮丽清秀，就像是大自然鬼斧神工创造出的一件件工艺品，令人叫绝！

渔人晚归

九马凌空画山奇

从浪石过二郎峡到画山，是漓江览胜的一个高潮。在二郎峡中航行，时而会遇见轻盈的渔筏，载着鸬鹚，在江面上游荡。鸬鹚不时潜入水中，把美丽的山影搅碎，然后衔着鱼儿钻出水面，跳上渔人的排篱，把猎物装进鱼篓。这富有生活情趣的画面，为清丽的山光水色增加了人间烟火的气息。

出二郎峡，漓江由窄变宽，豁然开朗，连天光也格外明亮了，这里就是漓江彩塑。悬壁上色彩斑驳，就像一幅幅的画卷。那浓墨重彩的，是油画；那清淡润透的，是水粉

▲漓江畔，农人晚归

画；那黑白晕染的，是水墨画。画面的内容，任你想象，观赏这类彩崖画，“不想不像，越想越像”，山川人物，风花雪月，无所不有。为什么这里的石崖会呈现这么多的彩画呢？原来这是大自然综合动力的结果。这一带的石钟乳由于光照的影响，一些微生物或者藻类、苔藓就附在石头上生长，使得含有碳酸氢钙的水溶液沿着石钟乳向光的侧面渗流沉积，加速结晶，于是这些结晶体就形成了颜色各异的崖壁彩绘，大自然的神奇在这里可见一斑了。

▲漓江上的鱼鹰

漓江彩塑中的代表作就是“九马画山”。站在画山面前，画面上有姿态各异的骏马，有的静静伫立，有的扬蹄飞奔，有的低头吃草，有的昂首嘶鸣……通常说一共有九匹马，因此称为“九马画山”。但是究竟有多少匹呢，很难有个准确的答案。民谣里说：“看马郎，看马郎，问你神马几多双？看出七匹中榜眼，能见九匹状元郎。”如果把鱼尾峰上的“先锋马”和蚂蟥山上的“落后马”一起算上的话，真是满山皆马。

❶ 阳朔高田乡

❷ 鱼鹰，也叫鸬鹚，善于潜水，适于捉鱼，下喉有小囊。常被人驯化用以捕鱼，在喉部系绳，捕到后强行让其吐出。

峰峦倒立山浮水

游船在画山向右一转，经过一段水程，就到了漓江最美的一景——黄布倒影。黄布倒影是漓江精华中的精华，青峰倒影，美不胜收。

先来到这里的黄布滩，因为滩底有一块浅黄色的岩石，透过碧橙的江水，可以看到它好像铺在江底的一匹黄布，滩就此得名。下黄布滩不远，是朱壁滩，两滩之间，河面宽阔，江流平缓。右岸有七座俊秀的青峰相依而立，每当丽日晴空，七座山影投入恬静的江面，十分清晰，简直叫你分不清哪是青山，哪是倒影。游船在江中前进，倒影微漾，山峰依然。画意诗情是如此浓郁，如此自然，难怪“黄布倒影”远近闻名。清代诗人袁枚到此一游之后，留下了“分明看见青山顶，船在青山顶上行”的佳句。关于这七座山峰，还有个“七仙下凡”的故事呢。民间故事说，天上七个仙女下到人间游玩，发现漓江景色比天宫还美，就在黄布滩一带住下来。天帝怒不可遏，强令她们返回天宫。七仙女誓死不愿从命，于是各嘘一口仙气，化为七座青峰，永留此间。

果然佳胜在兴坪

离开青峰绰约、绿水悠悠的黄布滩，不久就能看到江岸边掩映在绿树丛中的房舍，那就是兴坪镇了。兴坪，北距桂林53千米，依山面水，奇峰环绕，景色荟萃，向来被认为是漓江风景的佳绝处。兴坪是一个古镇，三国吴甘露元年（265）就已建立，是熙平县的治所。隋开皇十年（590）始置阳朔县，原熙平县仅留作圩集。随着时光流逝，“熙平”逐渐讹传为“兴坪”。漓江美景中的代表，“绿水，青山，翠竹，倒影”在这里得到了集中的展示，难怪人们称“果然佳境在兴坪”。

古镇有一条长约一千米的青石板老街，一直延伸至漓江榕树潭的码头，附近有一棵巨大的古榕树，据说早在建县的时候就栽上了，如今枝繁叶茂，粗大的树干需要8个人才能合抱。兴坪古镇的民居具有典型的桂北建筑风格，小楼多为两层，三进或四进，外檐挑高可达1米，临街多为店铺，二楼设阳台，多为木质栏杆，有些与大门在同一平面，有些则延伸至外檐滴水。东南侧为原熙平县城遗址，城墙轮廓依稀可辨，随处可见古砖瓦陶瓷残片，只是原来“车马来往人看人”的繁华县城，如今已经呈现出一派青山幽幽、村舍几座的肃静氛围。兴坪古街临江段有乾元桥，桥面路上的石板光滑平整，昔日廊桥檐口滴水形成石板面上的个个小坑，仍清晰可见，站在桥面上，不由得让人缅怀它悠久的历史。

漓江，这里山围着水，水映着山，山水间又有变幻无穷的洞，空中云雾迷蒙，山间绿树红花，江上蓑笠渔人、白鹭竹筏，就像是走进连绵不断的画卷，真可谓是“舟行碧波上，人在画中游”。

▼兴坪渔村古民居

Chapter 4 巍巍山岳，叹为观止

Tai Shan

泰山，巍巍中华魂

泰山，古名岱山，又称岱宗，位于山东省中部的泰安市，方圆426平方千米，其主峰玉皇顶海拔1532.7米。泰山是“五岳”之首，素有“中华国山”、“天下第一山”的美誉，在“中华十大名山”中排名第一。

1

壮丽巍峨的泰山

约24亿年前，一场名为“泰山运动”的造山运动，使泰山从海平面下拔地而起。它东临波澜壮阔的大海，西靠源远流长的黄河，凌驾于齐鲁大地，屹立在东方。

东方是太阳升起的地方，中国古代文化认为，东方为万物交替、初春发生之地，因此，东方就成了生命之源，成了吉祥和生机的象征。泰山地处东方，故泰山有“五岳独尊”、“五岳之长”的美誉。因其气势磅礴，又被世人赠予“天下第一名山”的桂冠。

泰山风景雄奇，翠绿的松柏遍布群山，更显其庄严、巍峨和葱郁；一条条清澈的溪流在山间穿梭流淌，又增添了几分缠绵与柔美。山峰与松柏被缥缈变幻的云雾笼罩起来，仿若仙境一般，神秘莫测。泰山那秀丽的麓区，使人感受到无限美好的风光；静谧的幽区，让人在气定神闲中体味山的幽静；开阔的旷区，使人置身其中，不禁心怀广阔；还有虚幻的妙区和深邃的奥区，“月出惊山鸟，时鸣春涧中”的妙处油然而生。

❶ 泰山十八盘
❷ 泰山日出

登泰山必观日出，“旭日东升”的壮观景象最为动人心弦，是岱顶奇观之一。清晨第一缕曙光撕开天地之间的黑暗，一轮红日喷薄而出，瞬间为万物镀上了奇幻的色彩，令人叹为观止。泰山挺拔，高耸入云，于山顶之上观云雾缭绕，风云变幻，如海亦如幻的“云海玉盘”让无数人为之倾倒。“晚霞夕照”使层峦叠

▲雾中泰山露峥嵘

嶂的群山在巍峨雄奇之中平添了一份缠绵悱恻的温柔，夕阳为泰山镶上了一道金色的光环，时而闪烁着动人的光辉，真可谓“江山如此多娇”。除了这些梦幻般的自然奇景，泰山还有黑龙潭、扇子崖、天烛峰、桃花峪等十大自然景观，各种景色交相呼应，宛若一幅绝美的天然山水画卷。不仅如此，泰山的人文景观也是布局精巧，古韵悠长。其布局分为“地府”、“人间”、“天堂”三重空间，从泰城西南祭地的社首山、蒿里山一直到达玉皇顶。岱庙是山下泰城的主体建筑，坐落在泰城的中轴线上，它前通天街，后接盘道，形成山城一体的格局。由此开始一步一步登高远望，景色渐入佳境，仿佛由“人间”步入“仙界”。

泰山风景区内，有山峰156座，崖岭138座，名洞72处，奇石72块，溪谷130条，瀑潭64处，名泉72眼，古树名木万余株，古遗址42处，古墓葬13处，古建筑58处，历代刻石2500余处，石窟造像14处，近现代文物12处，文物藏品万余件。其中大汶口遗址、灵岩寺、岱庙、千佛崖石窟造像、大观峰石刻等是国家重点文物保护单位。泰山风景以壮美名扬天下。蜿蜒曲折的山势，厚重坚实的形体，变幻莫测的云烟，苍劲的松柏和奇形怪状的巨石，使泰山在磅礴中透着绮丽，在肃穆中融合了神奇。泰山的石刻天下闻名，泰山现存有石刻1696处，这些石刻可以说都有着显赫的“身世”和悠长的历史。它们有的是帝王亲自题写，有的出自名流之手，大都制作精巧，书体高雅，文辞优美。这些石刻不仅是研究历史的重要资料，也是人们访古怡情的绝佳去处。

泰山与中国的历史文化

泰山不单单是一座雄浑壮丽的“奇山”，同时也是一座承载着千年历史文化的“圣山”。可以说泰山与中华民族的文明史是同步的，它见证了中华文明的千年历史文化，是一座被注入了“文化”的山。远古时期的神农氏、炎帝、黄帝、尧、舜、禹等，都以泰山作为祭祀天地之地，《史记》中就有七十二王封禅泰山的记载。在封建社会，作为“天子”的帝王被认为受命于天，而祭天就成了历朝历代最庄严、最神圣的仪式。帝王封禅多在泰山，因为泰山乃东岳，处于万物生发的东方，在人们心目中是最高大、最接近天的山。秦始皇一统六国，成为中国历史上第一个封建帝王，他即位后的第一件大事，就是在泰山封禅。雄才大略的汉武帝更是前后十次登泰山，六次封禅，把封禅作为修身养性、治国安邦的头等大事。历史前进，岁月流逝，朝代更替，但各朝各代的帝王都曾以不同的形式在泰山举行祭祀仪式。它一方面表示帝王受命于天，对上天之庇佑表示答谢；另一方面又彰显了天下太平、盛世安康的国家状况。这一仪式的延续，使得泰山形成了世界上独一无二的帝王文化。

泰山不仅有着深深的文化底蕴，还有着“吸纳百川”的广阔胸怀。道教是中华文化的根柢，泰山是道教的发祥地之一。佛教东来，泰山是最早接受佛教的名山之一。有人说儒、释、道三教，是中国人安身立命的三大精神支柱。那么可以说，在泰山，佛道同宫，儒释相依，“三教合一，合而不同”达到了极致。

自然的泰山，彰显了大自然的鬼斧神工；文化的泰山，印证了中华民族的文明底蕴。泰山是中华大地上的一颗明珠，是中华儿女的精神家园。

❶ 泰山天街
❷ 泰山“五岳独尊”景观石
❸ 泰山姊妹松

Huang Shan

黄山，上帝的盆景

这是一座闻名全国的奇山，两亿年的漫漫时光雕琢了这座神奇大山不凡的神韵。谜一般的前世今生，赋予了它卓然超群的气势和风骨。奇松、怪石、瀑布、云海，它天生卓越的美貌和瞬息万变的气质，吸引了无数迁客骚人为它赞美。走进黄山，一起去领略它独特的风采。

▲黄山石径

俗话说：“五岳归来不看山，黄山归来不看岳。”黄山的神奇秀丽在许多人的口耳相传中已经蒙上了神秘的色彩。黄山位于安徽省黄山市境内，素来有“天下第一奇山”之美称，是“三山五岳”中三山之一，其奇松、怪石、云海、温泉更是成为黄山“四绝”。

说起黄山命名的由来，这座山在古时称为“黟山”，唐天宝六年（747），唐明皇根据轩辕黄帝曾在此“煮石炼丹、羽化成仙”的传说，才改名为黄山，即“黄帝之山”。也因为这个原因，黄山自古为道教名山，遗迹众多。山中以道教命名的名胜有朱砂峰、炼丹峰、天都峰、轩辕峰、仙人峰、丹井、仙人晒靴石、仙女绣花石、望仙台、炼丹台、炼丹源、神仙洞等。黄山中有名可数的72峰，布局错落有致，天然巧成，其中，天都峰、莲花峰、光明顶为其三大主峰，海拔高度皆在1800米以上。

黄山四绝

在中国，具有气势的大山才能称之为“岳”，中国有“五岳”之说，而黄山却能集五岳的雄伟、险峻、烟云、飞瀑、峭石和清阳于一身，展现出它卓然的风姿。从古至今，无数诗词歌赋的记载都没有停止过对它的热爱，“黄山之奇，信在诸峰；诸峰之奇，信在松石；松石之奇，信在拙古；云雾之奇，信在瀑海。”走进这座神秘的大山，横空峰峦，浩渺云烟，奔泻飞瀑，嶙峋巧石，奇特青松，无不展现着黄山的壮美风姿。

❶ 黄山最高峰莲花峰

❷ 白雪覆盖下的黄山

奇松。松是黄山最奇特的景观，百年以上的黄山松就有数以万计，它们大多生长在岩石缝隙中，盘根错节，傲然挺立，显示出极顽强的生命力。松不只为黄山披上了绿裳，还为黄山增加了一份灵动。最著名的黄山十大名松就有：迎客松、望客松、送客松、探海松、蒲团松、黑虎松、卧龙松、麒麟松和连理松。玉屏峰东侧的迎客松更是成为黄山的象征，年年岁岁迎接着来自五湖四海的游客们。

怪石。黄山的怪石以奇取胜，以多著称。处处可以看到险峰林立，危崖突兀，山顶、山腰和山谷等处广泛分布着花岗岩石林和石柱，巧石怪岩犹如神工天成，似人似物，似鸟似兽，情态各异，形象生动，构成了一幅幅绝妙的天然山石画卷。其中有名可数的就有120多处，著名的有“松鼠跳天都”、“猴子望太平”等。

云海。许多从黄山归来的游客都会对黄山的云海赞不绝口。“自古黄山云成海”，黄山是云雾之乡，以峰为体，以云为衣，其瑰丽多姿的“云海”以美、胜、奇、幻享誉古今。如果你是在雨雪后的初晴登上黄山，或者是日出或日落时站在黄山顶上，你看到的“霞海”就是最为壮观的。怪石、奇松、峰林飘浮在云海中，忽隐忽现，置身其中，就犹如进入一个梦幻境地，飘飘欲仙，可以领略“海到尽头天是岸，山登绝顶我为峰”的境界。

温泉。黄山的“四绝”中还有一绝就是温泉，黄山温泉，古称“灵泉”、“汤泉”、“朱砂泉”，它由紫云峰下喷涌而出，和桃花峰隔溪相望，传说轩辕黄帝就是在此沐浴七七四十九日羽化升天的。当然，那只是传说，但黄山的温泉中含有多种对人体有益的微量元素，水质纯正，温度适宜，可饮可浴。

❶ 迎客松

❷ 行知亭

黄山西海至光明顶的盘山道上，有一座“行知亭”。亭柱上镌有陶先生“千学万学学做真人，千教万教教人求真”的名言；亭前的石牌上刻着“行动是老子，知识是儿子，创造是孙子”的格言。立于亭中，远眺飞来石，雄奇险峻；近观名言警句，回味无穷。

❸ 黄山的松、石、云

黄山松自古以来就闻名于世。而那云雾笼罩中的青翠景象，更是如诗如画。

1

天都之恋：无限风光在险峰

天都峰位于玉屏楼景区，可从山下乘玉屏索道至玉屏楼。闻名遐迩的迎客松就站立在玉屏楼左侧，伸展枝叶，热情欢迎纷至沓来的游客。天都峰位于玉屏楼南，在黄山三大主峰中最为奇险，风景也最为壮观。

从玉屏楼登天都，需要先下行一段，途径蓬莱三岛观景平台。所谓蓬莱三岛，即三座参差不齐的小山峰，如剑如戟，直插入云。这里海拔接近1600米，山间时常云雾缭绕，三座山峰在云雾中幻若蓬莱，因此得名。

从天都峰脚至峰顶的爬山路径既高又陡，有的地方几乎直上直下，远看如一架云梯攀上云端，俗称“天梯”。因为石级太陡，沿途装有石柱铁索，游人手脚并用，拾级而上，状若登天。天梯虽险，但比起鲫鱼背，则是小巫见大巫了。鲫鱼背实则为一块大石，狭长而

温馨提示

1.为保护黄山生态，天都峰与莲花峰轮流对游客开放，4年轮换一次。

2.黄山景区范围大，提倡集体团队旅游，个人自助游览最好结伴而行。未开发的景区，切不可随便进入，以免迷失方向。

②

③

高，两侧是万丈深渊，中间最窄处仅容一人通过。在云海之中，大石中间隆起的地方如露出水面的鱼脊，故称“鲫鱼背”。虽说两旁有石柱和铁索保护，但要通过这万丈深渊之间宽仅一米的小路，着实令人胆寒。两旁云遮雾绕，深不见底，面前松风猎猎，吹动衣襟，游人走过这段路时都禁不住战战兢兢，手脚哆嗦。不过通过之后，则是另一番心境了。

征服天险登临山顶的那一刻，黄山雄奇的画卷骤然展开，心底荡漾的层云突然消散，与眼前这绮丽的画卷相比，来路上的艰难又算得了什么呢？放眼远眺，大大小小的山峰在云雾中若隐若现，有的似身材曼妙的少女，有的像含羞绽放的花朵，还有的则冷峻傲岸如刀如剑，千峰竞秀，蔚为大观！烟云乍起时，游人披霞驭风，如入仙境；天高云淡时，松姿弄巧，巨石献奇。站在这高山之巅，不见飞鸟，不闻水声，耳边风声飒飒，眼前群峰环伺，这才是山高人为峰的境界！

不到光明顶，不见黄山景

玉屏楼被称为前山，北海就是人们通常所说的后山。来这里主要是欣赏黄山的奇峰怪石的。景区里以峰为主体，汇集了石、松、坞、台、云等奇景，总能让你惊叹不已。主要景观有光明顶、飞来石、排云亭、狮子峰、清凉台、散花坞、梦笔生花、始信峰等。

说起光明顶，很多人自然就会联想到武侠小说《倚天屠龙记》中六大门派决战光明顶。哈哈，金大侠设计的光明顶在昆仑山，而不是黄山，至于昆仑山是否有另外一个光明顶还有待考证。黄山光明顶海拔1860米，是黄山第二高峰，因为其顶部高旷而平坦，日光充足，所以名为光明顶。明代普门和尚曾在光明顶上建大悲院，现在其遗址上建有黄

▼黄山松

飞来石

山气象站。

光明顶上的日出日落历来被游客推崇备至，要想有个好的观景位置需及早去等候。在这里，红日、霞光、云雾、群峰共同挥笔，画就一番绮丽风光，变幻无穷，美不胜收，语言不能穷尽其一二。

▲黄山山峰壁立，似刀砍斧削。

光明顶的西北方，有一突兀巨石，石高有12米，重约360吨，名曰飞来石。1983年拍摄电视剧《红楼梦》时曾在此取景，伴随着委婉缠绵的红楼序曲，飞来石走进了全国观众的视野。

排云亭位于飞来石以北，是西海观赏黄山巧石最理想的地方，所以有“巧石陈列馆”之称。左侧不远处的巧石，恰似一只靴子倒置于悬岩之上，故名仙人晒靴；右侧沟壑中竖立着一根石柱，有两块巧石，恰似两只古代仕女穿的绣花鞋。其他巧石还有天女绣花、天女弹琴、天狗听琴、仙人踩高跷、武松打虎，等等。游客们可以尽情发挥想象，感受大自然的神奇！

▼黄山日出

Lu Shan

庐山，千古文化名山

传说商朝时，有位叫匡俗的先生在此结庐隐居，得道后羽化成仙，他所居之庐幻化成山，因此这座山被称为“庐山”或“匡庐山”。庐山自古便以雄、奇、险、秀闻名于世，巍峨挺拔的峰峦、泄玉喷雪的飞瀑、瞬息万变的云海造就了“匡庐奇秀甲天下”。

庐山拥有绝世美景，这是世人所共知的。它挺立于长江的南岸，位于鄱阳湖之畔，上接冥冥苍茫，下临九派山河，不论是晴天还是雨天，不论是冬季还是夏季，在重山叠嶂之中，总是缭绕着磅礴的云雾，山水的气魄全部包含其中。庐山其身，海

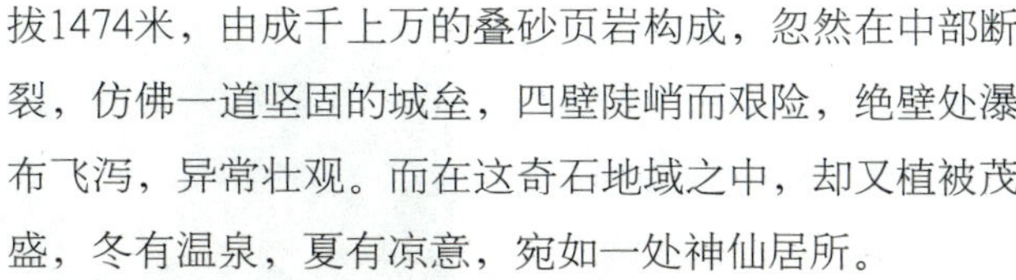

拔1474米，由成千上万的叠砂页岩构成，忽然在中部断裂，仿佛一道坚固的城垒，四壁陡峭而艰险，绝壁处瀑布飞泻，异常壮观。而在这奇石地域之中，却又植被茂盛，冬有温泉，夏有凉意，宛如一处神仙居所。

❶ 庐山含鄱口
❷ 庐山锦绣谷

不只如此，庐山更是一座聚集着中国文化的名山，季羡林先生曾感叹其是一座“人文圣山”。从三皇五帝时期的大禹登庐山开始，历代以来到庐山探索攀登的文人墨客、名士高僧数不胜数，前仆后继。所谓“名山发佳兴”，在那漫漫的历史长河当中，关于庐山的诗词书画无数无量，关于庐山的传说也广为传颂。除此之外，庐山的白鹿书院以它对“程朱理学”的文化传承，影响了中国近700年的历史；庐山的东林寺，乃是佛教“净土宗”的最早发源地……而其他宗教如基督教、天主教、伊斯兰教等外来宗教，都选择在此处作为它们的栖居之地，形成了“一山五教”的鼎立局面。与此同步的，庐山的石刻、建筑更是多得数不胜数。

西线：探寻历史的痕迹

进入庐山景区，沿着大林路一直步行，经过冰桌巨石——飞来石之后，很快便会到达花径。相传花径是白居易到庐山游览时，有感于山下桃花已谢，而山上桃花仍然盛开，于是题咏《大林寺桃花》的地方，所以花径又被称为“白司马花径”。

穿过花径、锦绣谷向南，便是庐山的必游地之一仙人洞了。在佛手岩的遮盖下，一个巨洞敞开着，传说八仙中的吕洞宾便是在此地成仙。天晴之时，其实仙人洞并无什么奇异之处，怪就怪在阴雨密布，云雾缭

绕之时，洞中仿佛立即有了“仙气”，竟会有丝丝寒凉之感。怪不得毛泽东会咏叹说：“天生一个仙人洞，无限风光在险峰。”使得庐山仙人洞变得人人皆知。

仙人洞向南，穿过电站大坝前往乌龙潭，经过黄龙寺，沿着芦林大桥边的小路穿行，便会感受到庐山的古木之美。这是一条静谧的小路，行走在其内，仿佛周围除了古树再无其他，阳光只能透过密布的树叶缝隙隐隐渗透，如同置身于原始森林中一般，而不必担忧野兽的困扰。再往前不久，便到达西线最美的芦林湖了。群山环抱的芦林湖，天生一幅娇艳的面孔，曾经是芦苇丛生、野兽出没的洼地，如今已经被改建为人工湖，成为卢林桥边最美的景致，它所积蓄的湖水，是庐山牯岭镇居民的饮用水来源。

西线的最后一处“美庐”别墅，背依大月山，正临长冲河，是1934年宋美龄收到的英国巴莉女士赠送的礼物，因蒋介石的喜爱，特别命名为“美庐”。美庐是庐山特有的一处景观，其内还原了当年的物品摆设，见证着二战时期风云变幻，在庐山的烟云当中，展现着它神秘面庞，令中外的游客慕名而来。

❶ 庐山三叠泉
❷ 庐山松
❸ 庐山芦林湖

东线：不识庐山真面目

沿着庐山植物园后的沥青路一直走，便会到达含鄱口。站在含鄱亭上，能够看到五老峰和汉阳峰，天气晴

温馨提示

1.庐山的海拔高度很高，从山脚到山顶的温差很大，游客一定要注意保暖，以防感冒。
2.户外紫外线指数很高，游客们应注意防晒，要带好防晒霜、墨镜等防晒用品。

③

朗之时，更能够望到远方的鄱阳湖。含鄱口在平时并没有什么出奇之处，然而在清晨日出与黄昏日落之时，这里却是庐山观日的绝佳之地。清晨之时，鄱阳湖上呈现出一派迷蒙气象，天水不分，渐渐地，一轮火红的鲜日涌现而出，照射在鄱阳湖面，顿时金光闪闪，道道射向天空，一瞬间，天、湖都变得赤色如丹，将半壁江山染成了鲜艳的赤红色，与此同时，五老峰等山色，也尽染了丹墨，几者共

▲庐山秋色

成一色，宛如一幅美妙而壮丽的画卷。日落之时是另一种美的享受，西方山峰之间，云雾迷茫，落日颤颤巍巍地向下掉，一幅雄伟壮观的山色图便被浓妆艳抹起来，苍茫之间，给人留下一幅绝笔图。庐山的日出日落，永远是那么迷人，让人感受到大自然的出神入化，每次都会有震撼的感觉，每次都让人期待无比。

含鄱口正西，是庐山五老峰，五老峰的美，蕴含着庐山的真谛，甚至比庐山最高峰汉阳峰更为美妙，这一切都得益于它巧妙的结构和地理位置，五老峰为五个并列的山峰，因仰望仿佛五位老者而得名，海拔1436米，根部与鄱阳湖相连。鄱阳湖的水雾自东而来，遇到五老峰的阻隔，向上蒸腾，想要漫过山峰而过，却停留在山脊之中。人走在五老峰的山脊之处，就会感到如在云中行走，漫步云端，水汽若隐若现，茫茫四顾，恍然如梦。云雾中的山峰，秀美而显得神秘万分，令人产生在仙境畅游的感觉。宋代苏轼大概正是因为这令人惊叹的云雾，才感叹“不识庐山真面目，只缘身在此山中”吧。漫步在山道上，云雾随手可触，随意变化着姿态，有时分散成小雪团，有时变作棉花状，似乎一个不小心，就要乘着云、驾着雾飞下山去一般。无怪乎诗人余邵说：“庐山云雾景观奇，变幻无常千万姿。”

五老峰北部偏东，便是庐山最著名的景点三叠泉了。瀑水经过山间的三级峭壁，分三层飞泻而下，所以被称为三叠泉。三叠泉的落差共有155米，壮观之至，动人心弦，正是“上级如飘雪拖练，中级如碎玉摧冰，下级如玉龙走潭”。人们常见的飞瀑，不过只是一叠而已，如今三叠，胜上加胜。然而这样的景象，却隐藏在深山之中，令人难以发现，就算是曾在此处逗留许久的李白、朱熹等人都未能发现它，直到南宋时期才被揭开那羞涩的面纱，呈现在人们眼前。正因如此，人们才说“匡庐瀑布，首推三叠”，又有“不到三叠泉，不算‘庐山客’”的说法。每到暮春、初夏多雨的时节，三叠泉更是如狂怒的暴龙一般，凌空而下，惊天动地，令人叹为观止。

雪中才见真庐山

庐山自古便有“匡庐奇秀甲天下”的美称，庐山的奇秀，不仅在于云雾缭绕的五老峰、飞瀑溅射的三叠泉，还有那冬日的雪中庐山。

人人都只道庐山的春夏秋，却不常提及庐山的冬韵之美。在初冬之际，瑞雪骤停，踏上这白茫茫的高山，便会真正感受到那如梦幻般的美景。冬日的庐山，不论是清晨还是傍晚，不论是正午还是夜晚，无不让人感到清新与美妙，纵使行进在山脚，即使一个在平日普通至极的景物，都会展现出它玉锁冰封的另一番面容来。当然，冬日赏庐山，更不可少了温泉的陪伴，庐山南景区的星子县温泉正等着你呢！

千古庐山，就是这样任性而骄傲。游庐山，不仅可以饱览庐山的无限风光，更能够在那里找寻到中国传统文化的精华。庐山的美景，赋予了庐山绝世的外表，而庐山的文化，却令庐山拥有了不朽的灵魂。

▲庐山龙首崖

▼雪覆含鄱口

E Mei Shan

峨眉山，秀甲天下

峨眉山是中国佛教四大名山之一，也是佛教中普贤菩萨的道场。它与四川乐山大佛风景区一起被列入世界文化与自然遗产名录，是国家重点名胜风景区，国家5A级旅游景区，还是全国重点文物保护单位。远观这座名山，山峰两两相对形如蛾眉，所以取名峨眉山。自古以来，峨眉山因为奇秀的自然景观、悠久的人文古迹与良好的生态环境，成为世人探奇览胜的理想境地。

峨眉天下秀

峨眉山位于四川盆地西南部，地处长江上游，屹立于大渡河与青衣江之间，在峨眉山市西南6千米处。峨眉山包括大峨眉、二峨眉、三峨眉、四峨眉四座大山。大峨山为峨眉主峰，就是人们经常提及的峨眉山，海拔3079米。大峨眉与二峨眉两山相对，远远望去，双峰如蛾眉般对称，四峨眉棱瓣如花，当地也称作“花山”。四座大山雄峻陡峭、山势伟岸，与周围一马平川的成都平原相比，颇有横空出世之感，所以唐代诗人李白游览后才写出“峨眉高出西极天”、“蜀国多仙山，峨眉邈难匹”的诗句。

峨眉山的历史极为久远。在千百万年以前，中生代末期的燕山运动使其初具轮廓，后来喜马拉雅的造山运动促使青藏高原抬

❶ 峨眉山上伏虎寺内的华严宝塔

华严塔通高6米，分为17层，在塔身上还有一个佛龛供奉佛像，在塔身上有小佛4700尊，以及《华严经》全文。

❷ 峨眉山金顶云海雪景

金顶是峨眉山寺庙和景点最集中的地方，为峨眉精华所在。峨眉金顶与峨眉顶峰的万佛顶相邻，海拔3079米，这里山高云低，景色壮丽，游客可在陡峭的舍身岩边欣赏日出、云海、佛光。

❸ 峨眉山雷音寺

升，最终形成了今日的峨眉山，也造就了此地海拔2000米以上的峡谷奇峰地形。这里山势陡峭、风景秀丽、云海叠生、气象万千，遂得美名“峨眉天下秀”。

峨眉山下属于亚热带气候，但是由于山势高峻，因而形成了不同的气候特征：山上寒冷，山下温暖，山中间则凉意习习。因此，当地人也有山下为“阳间”，山上为“阴间”的说法。由于山间积云多，也常出现山下下雨、山上却没有下雨的奇观。由于这里的特殊地理和气候，峨眉山才成为名副其实的动植物王国。这里有3500多种植物，2300多种野生动物。珍稀动物有大熊猫、小熊猫、黑鹳、短尾猴/藏猕猴等；珍稀植物有桫椤、银杏、冷杉、篦子三尖杉、岩桑、连香树、四川木莲、珙桐、洪椿、杜鹃、兰花等。中国在这里设立了五大自然保护区：高山杜鹃保护区、冷杉保护区、桢楠保护区、珙桐树保护区和野生猴生态区。

巅峰四景

峨眉山巅峰之处的金顶有座闻名天下的四面十方之普贤金像，它是世界上最高的金佛，也是世界上第一个十方普贤的艺术造型。每当天气晴朗阳光遍洒时，这座通高48米、总重660吨的巨大金像金光四射、熠熠生辉，宛如神灵之光映入大千世界。

峨眉山山灵水秀，孕育众多奇观。其中峨眉佛光、圣灯、云海、日出被誉为峨眉四大景观，游人只要登临金顶就有机会欣赏到。金顶东面有座断崖悬空而起，高约600米，此为全山第一巨岩。因崖壁陡峭险峻，人称“舍身崖”。舍身崖也叫睹光台，这里是观看峨眉金顶四景的绝佳地点。

峨眉日出是峨眉山奇景之一，每逢破晓时分、曙光初露时，站在睹光台极目远眺，可见一轮红日由点、面、圆渐次升起，红霞满天，万道金光霎时扑面，景色尤为壮观。

在金顶看云海，让人恍若置身仙境。峨眉山的云海，由于由低云组成的，上半年以层积云为主，下半年以积状云和层积云相媾而成；峨眉山的雾日年平均为322天，甚至多达338天；这低云多雾汇成的云海，因此和其他地方的云海就大不相同了。峨眉山的七十二峰，大多在海拔2000米以上，峰高云低，云海中浮露出许多岛屿，云腾雾绕，宛若佛国仙乡；云涛舒卷，白浪滔滔，这些岛屿化若浮舟，又像是“慈航普度”。

有时，游人在下午2～4时可以看到明亮艳丽的七彩光环，这就是神秘奇妙的佛光。当游客站在峨眉山金顶背向太阳而立而前下方又弥漫着云雾时，有时会在前下方的天幕上，看到一个外红内紫的彩色光环，中间显现出观者的身影，且人随影动，人去环空。这种现象在其他地方极其罕见，但却在峨眉山经常出现，一年中平均会有60多次，多的时候甚至会有80多次，因此人们又把它称为“峨眉宝光”。

夜晚的峨眉山，从睹光台向下探

❶ 峨眉山顶普贤菩萨像和白象驮如意
❷ 峨眉山白云峡一线天
❸ 峨眉山洗象池

望，黑色山谷中常可看到飘浮着的绿色光团，少则三五点，多则成千上万点，极为壮观，人们称之为“万盏明灯朝普贤”。夜幕中，忽而数十道蓝绿色的光点时闪时现，看似迎面扑来，却又转瞬即逝。这一景观俗称“圣灯”、“神灯”，佛门弟子说它是“佛灯”。其实这是峨眉山丰富的磷灰石矿产出的气体自燃所发出的淡绿色火光。

近年来，峨眉山新辟的景点不断增多，比较知名的有秀甲瀑布、清音平湖、第一山亭等。

金顶铜殿

作为全国重点文物保护单位，峨眉金顶集中体现了峨眉山建筑景观之精华。据史料记载，金顶金殿建于明朝万历年间，原名“永明华藏寺”。这座寺庙的瓦柱门窗及四壁全由掺金的青铜铸造而成，中间供有庄严的普贤菩萨像，两旁分别列有万尊神形兼备的小佛像，门壁上还有一幅全蜀山川道路图。在建成后的几百年里，这座寺庙遭遇两次大火，大部分建筑被毁。后经国家耗时四年重建，华藏寺才有了恢宏壮丽、飞阁流丹的今日风采。

铜殿也于明朝万历年间建造，比起遭遇两次火灾的金殿，它就幸运多了。这座铜殿不管是重檐雕甍还是绣棕锁窗，全用铜件焊成。殿堂里供奉着一尊高大的普贤骑象铜像，两旁列有24尊铜铸佛像。从外观望去，此殿庄严巍峨遍体流金，在阳光映照之下金光闪闪，俨然一派佛教圣地。

Jiu Hua Shan

九华山，一步一莲花

九华山位于安徽池州，与山西五台山、浙江普陀山、四川峨眉山并称为佛教四大名山，是地藏菩萨的道场，又被誉为“莲花佛国”，为中国自然与文化双遗产。九华山在佛教界的盛名，来自于唐朝时新罗国（韩国）僧人金乔觉，他西渡来华后，在九华山修行75载，99岁后坐化，因其形迹与地藏菩萨酷似，于是被尊为地藏菩萨化身，九华山也因此被辟为地藏菩萨道场。

唐代以前，九华山因有九座山峰形似莲花，古称陵阳山、九子山。约在唐代天宝年间（742～756），李白曾在九江船上观赏九华山，提笔写下诗句：“昔在九江上，遥望九华峰。天河挂绿水，秀出九芙蓉”，“妙有分二气，灵山开九华”，九华山便由此得名。自晋唐以来，陶渊明、苏东坡、王安石等大儒都曾在此吟诵诗歌，而黄宾虹、张大千、刘海粟等名画家也曾在此挥毫泼墨。

▼九华山风光

九华山山中奇峰怪石，潭谷洞府，古树泉瀑，绿竹鲜花，独具清新秀逸的风光，是首批国家重点风景名胜区之一。

九华山属于黄山支脉，向北俯瞰长江，向南远望黄山，以东为太平湖，据说方圆百里内有99座山峰，主峰十王峰海拔1344.4米，乾隆御赐金匾“东南第一山”。120平方千米的九华山风景区内，古刹遍地，千百年来僧众云集，共保存佛像一万余尊，肉身不腐的僧人真身15尊，使得九华山充满了神秘的色彩。如今，前来朝山礼佛的教徒更是络绎不绝。

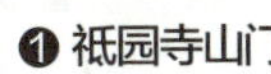

❶ 祇园寺山门

祇园寺山门呈八字形，顶为三层重檐宝塔式建筑，半檐悬山顶，黄绿色琉璃筒瓦。入口为一拱门，门上有“祇园禅寺”匾额。全寺分前殿、中殿和后殿。前殿轴线和中、后殿轴线成45°交角，是罕见的不对称平面布局。

❷ 九华山99米地藏菩萨铜像

❸ 九华山僧人

奇峰一见惊魂魄

九华山的胜景，基本全在天台，有“不登天台，等于没来”的说法。天台峰海拔1306米，又称天台正顶，高度仅次于十王峰、七贤峰，因为其风景、人文绝佳，被尊为九华之首。

从九华街登天台，要走几千米的山路，其过程令人感到疲惫，一路直达真如庵，在真如庵稍做歇息，再登十几分钟，便可到达天台峰，气势雄伟的天台寺便在峰顶。天台寺分三层，下层为金仙洞，传说金地藏曾在此洞中禅居；中层为地藏殿，其中供奉着地藏王菩萨，地藏王菩萨曾在九华山发愿：“地狱不空，誓不成佛，众生度尽，方证菩提。我不入地狱，谁入地狱。”所以在所有菩萨当中，地藏王菩萨的愿力为第一。最上层则是万佛殿。

天台寺北有古拜经台，上有金地藏留下的脚印圣迹。继续向北，则会看到一条百米长的青岩石路，这条路被称为青龙背，沿着青龙背前行，两边的石壁刻满了游客僧人的摩崖石刻。继续前行，便能看到著名的“一线天”景观，只见两块6米多高的巨石并挨着，中间只留下一丝狭缝，只能容纳一人通过，跻身在其内，顿觉得呼吸急促起来，生怕引起巨石的颤动，将自己压成肉酱，不由得抬起头向上寻找空间，只见那天只剩下一道缝，宛如刀刃一般向下劈来，令人惊心动魄。

沿着去往小花台和大花台的山路一直行进，不断穿梭，眼前的景色会令你倦意全消，顿时觉得心中开阔许多，远望长江隐约可见，嶙峋瘦骨的山峰间，松涛穿梭而来，仿佛整个世界变得浑然一体，有了生命一般。不论是神秘谷，还是猛虎坡，或是叫不上名来的斑驳石壁，都令人心旌荡漾，回想着刚才看到的“非人间”三个大字，你才明白自己为何会有这般感受。

天台晓日是“九华十景”之一，捧日亭和云峡是观日的最佳地点，其中以捧日亭最为殊胜，为清代乾隆年间池州知府李暲所建。观日的最佳条件，当以云海密布之时最佳，当一轮红日跃动而出，由半圆至满圆，金光忽然增强，穿透云海，洒下金光万丈，九华山群峰忽然露出真貌，形态毕现，顿时觉得自己仿若经历了一场大梦，此时如梦初醒，顿觉清新许多。无怪乎唐代刘禹锡赞叹九华山说“奇峰一见惊魂魄”，“自是造化一尤物”。值得一提的是，在天台峰常可看到九华佛光，当其时，山峰与寺院共映于佛光中，这一奇景经常发生，宋人吴潜曾作诗：“一莲峰簇万花红，百里春阳涤晓风。九十莲花一齐笑，天台人立宝光中。”可以说是对九华佛光奇景的最好描述。

除了天台峰，十王峰与罗汉峰的景色也相当独到。十王峰与天台峰遥遥相对，有“鸟语伴钟鼓，云雾现奇松”的景致，其迎面朝向天台峰，被称作“十王朝地藏”。而罗汉峰虽是一座小峰，但海拔也有1157米，因为峰上的奇松像极了罗汉，所以得名，峰内有地藏岩、大悲院、无底洞等胜景。

▼九华山天台峰

▼九华山万佛塔

▲九华山

九华十景真韵味

历代以来，九华山的风景被人屡加玩味，其中记载九华有十景殊胜：天台晓日、桃岩瀑布、舒潭印月、莲峰云海、化城晚钟、东崖晏坐、天柱仙踪、平岗积雪、九子泉声、五溪山色。

九华山的第一大瀑布不能不说，来自真人峰和沙弥峰两谷的桃花岩的飞瀑，高度达到200米，宽度5米直飞而下至“浮桃涧”，唐代王季文曾作诗说：“翠屏横截万里天，悬水落成千丈玉。”这一景致被称为“桃岩瀑布”。

翠盖峰下的舒潭，一泉入三潭，从小到大，深绿透彻，因传说有一女子舒姑常在此处唱歌，所以得名舒姑泉和舒姑潭。九华山赏月，舒潭是最佳的地点，每当皓月当空之时，在此处听三潭的泉水汩汩，如在仙境，于是这一景被称为“舒潭印月”。

九华山的云海，凡1000米以上的山峰都能领略到，但观看云海的最佳时间、最佳地点是春夏二季的莲花峰，踏上山路，伴着身边弥漫的云雾前行，时而风过松林，时而观赏石壁，那种惬意自在的感觉一生只能经历几回。“莲峰云海”便由此成了九华十景之一了。

历代以来，都有“江南之山莫秀于九华，九华之胜实衍于五溪”的说法，五溪即龙溪、澜溪、漂溪、双溪、曹溪，它们汇聚在山北一处叫六泉口的地方，五溪桥、望华亭两处即为观赏九华山整体的最好地点，被称为“五溪山色”。

九华山的胜景无穷，其实这“九华十景”仅是九华山的一部分而已，像摩空梵宫、鱼龙洞府等美景更是难以说完，更何况那些在亲身体验当中最独特的感受呢！

九华山的景致曼妙美丽，其实它的佛教文化更令人陶醉其中，在九华山，你能看到那里的上百座寺院，除了天台寺，化城寺、观音殿、文殊殿等都是烧香礼佛的好去处。更为不同凡响的是九华山之内所供奉的肉身菩萨，如地藏禅寺的慈明和尚、双溪寺的大兴和尚、神光岭的明净和尚、通慧禅林的仁义师太等，都有着超越人间凡俗的自然、文化神韵，让人们从中感受到佛教文化的独特魅力。

Chapter 5

邂逅慢时光，

寻找最宁静的自己

Wu Yuan

婺源，明媚的春光很多情

从玉树临风的一代男神变身辉耀影坛的魅力大叔，周润发看遍了银幕风云。但这位老帅哥仍然挡不住婺源的天然美色，三番五次地扛着昂贵的宾得相机，用镜头捕捉眼前的明媚春光。冯小刚属于国内的影视大腕，阅过无数风景，最终也把婺源选入了外景地。一个连大牌明星都心动不已的小地方，轻而易举便能让无数游客记住它的名字。婺源——这座处于皖浙赣交界地带的赣北乡村，总喜欢在每年微风送暖时，用一抹春光留住游人的目光。

▲婺源油菜花田

婺源最佳的油菜花观赏地点为江岭和篁岭。江岭南临晓起，东接溪头，地处婺源县最东北。篁岭，地处石耳山脉，面积15平方千米，属典型山居村落。

中国最美的乡村

能够引得周润发和冯小刚动心，说明婺源必有独到之处。早在千年以前，这个小地方就因为名字有过一段闪光的历史，有人说因为此地乃婺水之源，还有人说它与唐玄宗李隆基有关。公元740年，唐玄宗命名多地重新划县而治。当时，婺源属于歙州府，知府大人一直为取什么新县名而犯愁。到了正月初八这一天，婺女星恰好出现在长安上空的东南方向，唐玄宗认为下方正是婺女星飞升之地，遂定名为婺源，意思是婺女星的家乡。

在古代星象学中，婺女星代表着女性美貌与处事吉利。不知道是不是沾了它的喜气，其后的千百年里，虽然战火不断，婺源却一直像个洁身自好的女子，在青山绿水间温婉长大。北宋年间，歙州一带改称徽州，浓浓淡淡的徽州文化也自此绵延开来。由于山水钟情和徽州文化的浸染，婺源的美悄然散开，最终被冠以“中国最美乡村”的称号。

婺源本就山清水秀，独得天然之美，再加上灰瓦白墙的人造之美，更显出徽派建筑的古典风情。然而每年春天，这些雅致的色彩会被一大片迷人的金黄色挤为配

▲婺源江湾镇

角，连绵无际的油菜花骄傲地荣升为主角，使婺源的每个角落都弥漫着田园牧歌式的乡村风情。

中国有四大油菜花海，婺源轻松占得一席。若说婺源有十分美，春光里的油菜花海便占去了五分。这里的油菜花海遍及各处，最盛之地位于江岭、汪口、理坑（原名“理源”，距婺源县城50多千米）、晓起和彩虹桥一带。江岭有着十万亩梯田，油菜花弯弯绕绕次第展开，在山腰、山谷、平地间展开了窈窕身段，那一道蜿蜒的黄，一道蜿蜒的绿，层层叠叠极尽错落之美。汪口、理坑等一些低地区的花海，又如一片金黄色的地毯正从眼前漫无边际地铺卷开来。

除了浓浓烈烈的油菜花海，甘当配角的景物也是相机里不能缺少的颜色。三四月里，云海雾海、徽州人家、洁白梨花、粉红桃花，还有青石板路、清冽小溪与墨绿山林，你看，连周润发、冯小刚不也心甘情愿地献上了珍贵的镜头？

北线：明清建筑古色古香

婺源的旅游热线集中在北线和东线，这两条线路均以紫阳镇为中心向外延伸，沿途的风光各具特点。大体来说，北线的看点在于山势和古建，东线的看点在于田园和水色。游客可以沿着北线和东线走出一个大环线，一路看尽婺源最精华的旅游景点。

由紫阳镇一路向北，最先遇见的是延村和思溪两座“姊妹古村”。延村在历史上以商贾闻名，现有房屋多是在清代乾隆、嘉庆年间的建筑，也有一部分是明代建筑，总计有56栋，构成了“群屋一体”的规模。如果碰到雨雪天气，人们从村头走到村尾，衣服不会淋湿半点。古宅里最令人称奇的是“三雕艺术”，即木雕、砖雕和石雕。思溪背山面水，村落与山水互相点缀如诗如画，村口留有“通济桥”“如来佛柱”等古迹，村中留有清代建筑“振源堂”“承裕堂”“承德堂”等。因为这里曾经拍过电视连续剧《聊斋》，所以又被称作“聊斋影视村”。

继续向北，青华镇上有一座彩虹桥。彩虹桥始建于宋，因唐诗“两水夹明镜，双桥落彩虹”而得名，全长140米，建有11个廊亭，廊亭的两旁有石桌石凳。休憩之余举目远眺，远处青山如黛，桥下绿水长流，景色非常迷人。

沱川的理坑是婺源县明清建筑保护最完整的村庄之一，被视为北线的精华景点。这座小村虽然远处山中，却在历史上出过七品以上官宦36人，进士16人，文人学士92人。这些达官显贵们在家乡大兴土木，造就了一片颇具规模的古建筑群落。比如明代吏部尚书余懋衡的“天官上卿谢府第”，明末广州知府余自怡的“驾睦堂”，清初兵部主事余维枢的“司马第”等。村边有一棵倒长的罗汉松，据说由早年的先辈们故意倒插入土，以便察看风水，没想到罗汉松却长势良好绿荫如盖。

徽派建筑里那些错落有致的飞檐拱角、黑白分明的灰瓦白墙体现着人造之美，周围那些

温馨提示

1.婺源油菜花盛开在三四月间，这是婺源旅游最旺的时期。这个时节婺源温度一般在十几度，雨水较多，请带好雨具。

2.婺源很多特色景点就在路边，下车拍照时一定要注意安全，当心过往车辆。

▼婺源山谷中的油菜花田

▲婺源彩虹桥

婺源有一种颇有特色的桥——廊桥，所谓廊桥就是一种带顶的桥，这种桥不仅造型优美，最关键的是，它可在雨天里供行人歇脚。宋代建造的古桥——彩虹桥是婺源廊桥的代表作。

碧水青山、奇石飞瀑又彰显着天工之巧。北线上的大鄣山卧龙谷、古坦乡灵岩洞，以及严田古樟园里的千年古樟王、虹关溪畔的“江南第一樟”均有不少看点。

东线：山环水绕景色尤佳

和北线相比，东线也以古建筑群落取胜，但这里的水色更出众。以李坑（距婺源县城12千米，属秋口镇）为例，李坑村里有一横一纵两条溪水，于村子中央交汇，名曰“二龙戏珠”。村内人家大多沿溪而居，又有几十座小桥临溪而架，形成了“小桥流水人家”的美妙景象。李坑也是南宋一位武状元李知诚的家乡，他的故居至今还有一棵看似枯萎却年年开花的紫薇树。

从李坑向北而行可达汪口。汪口三面临水，村前也有两河交汇，因碧水汪汪故得此名。这里一条条青石板道纵横交错，接起了许多古色古香的明清建筑，最出名的当属被列入国家级保护文物的俞氏宗祠。俞氏宗祠建于清代，占地1000多平方米，里面最值得看的是那些精美的木雕，包含着浅雕、深雕、透雕、圆雕等不同技法。

江湾和江岭虽有一字之差，景色却大不相同。江湾的明清古建与锦峰绣岭结合得非常妙，北部青山连绵远去，山上林木葱郁，南部梨园河呈S形太极图蜿蜒流过，

婺源王村

御史府、中宪第等明清官邸，滕家老屋、培心堂等徽派商宅，还有东和、南关、西安、北钥四座古门亭，以及岳飞桥、明代剑泉井等各具古味。

江岭少了些古色古香，但田园风光更为出众。这里的村落依山而建，万亩梯田簇拥环绕。到了春季，金黄的油菜花顺着山势勾勒出黄绿相间的层次感。一年里大半时间，小村人家那U形阶梯状的房屋前全是竹晒匾的世界，春晒茶叶、蕨菜、水笋，夏晒茄子、南瓜、豆角，秋晒黄豆、稻谷、辣椒……“晒秋人家”让江岭变成了五彩斑斓的调色板。冯小刚曾经特意选在初秋时分来到这里为电影《集结号》选景。

晓起恰似融合了江湾和江岭之美，既有韵味悠长的古代建筑，也不缺少明媚可人的田园风光。依着水流，这座村子分为上晓起和下晓起。上晓起皆是清代建筑，如进士第、大夫第、荣禄第、江氏祠堂等，村中角角落落皆流露一派婉约风情。下晓起置有三两架老式水车和十几棵参天古木，最醒目的要属村尾那些保存完好的古宅砖雕作品，有“江南第一砖雕”之称。晓起看似无奇，但站在高远之处一眼望去，方可瞥见整体的和谐之美，有人曾写诗赞道：“古诗高低屋，斜阳远近山，林梢烟似带，村外水如环。”

和北线、东线相比，婺源的西线看点略少，有赋春、许林、鸳鸯湖、文公山等。南宋理学家朱熹的家乡就在婺源，他当年回乡扫墓时还在文公山上亲手栽下了一片古杉林。据说，古杉最早有24棵，现在留存下来的只有16棵。800多年过去，这些参天古木见识了八百多个明媚的春光与秋色，只是不知那一丛丛繁茂枝叶维系的是不是朱熹先生对家乡婺源的殷殷思恋……

▼**油菜花梯田**

婺源漫山遍野的油菜花呈梯田状，从山顶铺到山谷下。站在山顶望去，脚下油菜花层层叠叠，一望无际，中间围拢着几个小小的村落，黑瓦白墙的徽派民居夹杂在一片金黄之间，再没有比这更壮观而令人惊喜的了。

Wu Zhen

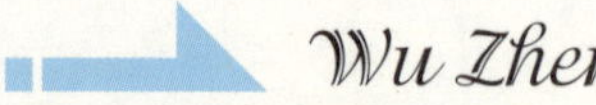

乌镇，水枕江南的梦里故乡

离开喧嚣繁华的都市，寻觅一处沉醉温柔的水乡，舀一瓢宁静恬淡的时光，让匆匆的脚步在这里停下来，梦一回似水年华的江南。走进乌镇，走进一个只属于你的人间天堂。

乌镇地处浙江省桐乡市北端，西临湖州市，北界江苏吴江市，为二省三市交界之处。乌镇街道上清代的民居建筑保存完好，梁、柱、门、窗上的木雕和石雕工艺精湛。当地的居民至今仍住在这些老房子里。乌镇从1998年开始发展旅游业，目标是使乌镇保持一百年前的老样子。乌镇地处江南六大古镇的中心位置，它离上海只有80分钟的车程，离杭州仅50分钟的车程，离苏州也很近。

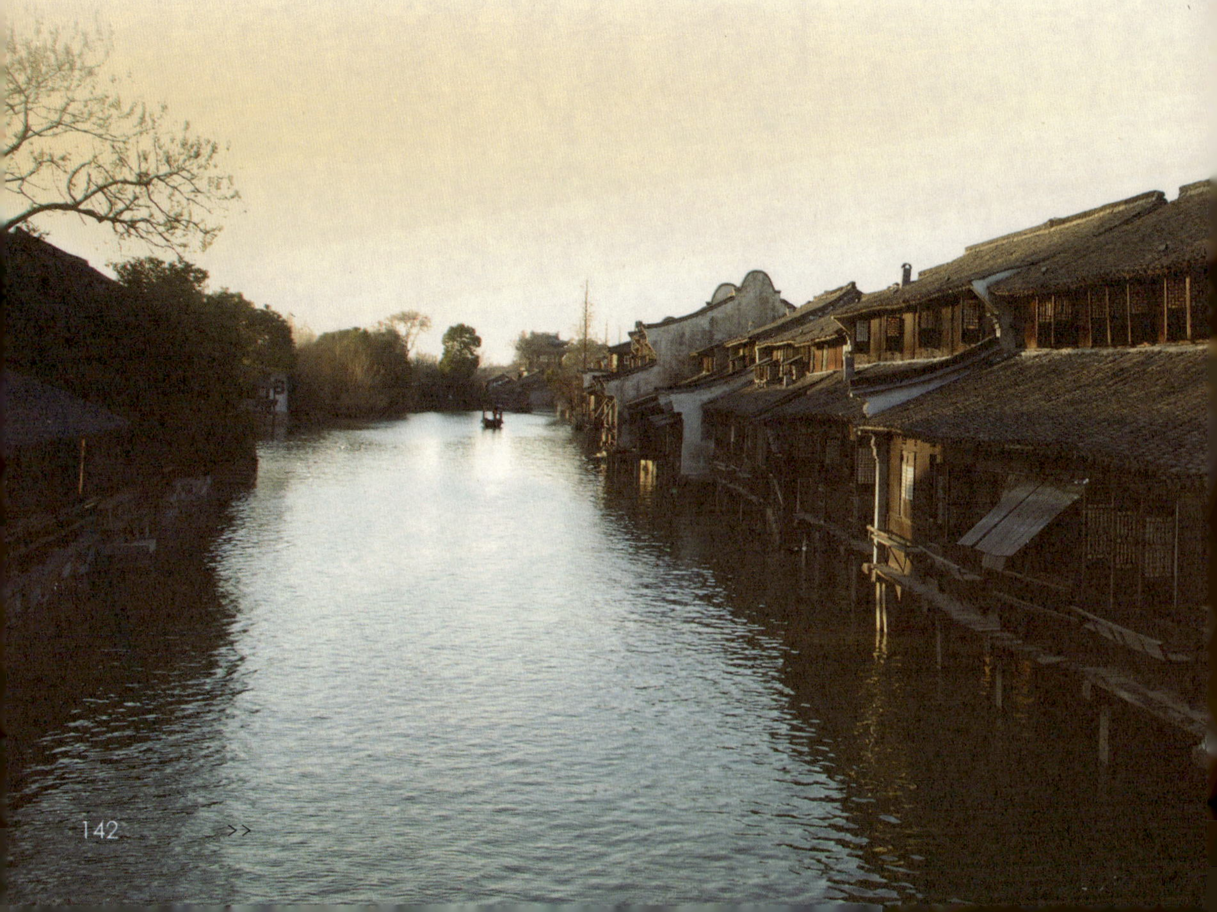

徜徉小桥流水

乌镇的水很多，舟便成了乌镇人的脚。坐在乌篷船上，静悠悠地划着船桨，你可以聆听到水波的低吟浅唱，摇橹的柄叶翻拨着细细的水纹，拨出一阵阵“呼噜噜”的锤击玉石般清脆悦耳的声响，穿行在流水间，如在画中游走，滑过古老悠长的河道，欣赏着两边旖旎的风光，又如灌饮香甜的美酒，一樽一樽斟着如痴如醉的梦。

温馨提示

1.进入景区请注意游览安全，未成年人必须有成年人监护，不要在河边嬉水，攀登跨越栏杆，坐游船请勿超员。

2.选择有正规营业执照的民宿和客栈入住。

河上是桥，河边是巷，乌镇的民居都是临河而建，于是就形成了“家家面水，户户枕河”的格局。临河的民居会有一部分延伸至水面，上搭建木板，下以木桩或石柱打入河底支撑，这就是乌镇特有的“水阁”。身处水阁之中，脚踏悠悠流水，头顶湛湛蓝天，胸中流淌的恐怕就不只是诗情画意了吧。打开临水的窗栅，人与人隔水相望，气息相闻，互相定格成了对方眼中的风景。

出门是水，自然离不开桥。桥更能凸显江南的文化特色，乌镇更

❶ 乌镇临河而建的民居
❷ 乌镇石板路

是如此。乌镇的桥样式繁多，有平桥，拱桥，廊桥，有单拱虹跨，有双拱连理。桥不仅连接了岸，连接了四通八达的河渠，还让河有了变化，有了风姿。有的桥古朴稚拙，有的桥玲珑潇洒，有的桥雄伟伫立，有的桥秀美英挺。据说，古时的乌镇百步一桥，最多时有124座，而今已多半毁去，剩下49座，浮澜桥、通济桥、仁济桥、逢源桥……每一座桥都记录着一段鲜为人知的历史，只是它们更惯于沉默罢了。

寻访江南旧迹

乌镇中十字形的内河水系将全镇划分为东栅、南栅、西栅、北栅四个区块。西栅老街是中国保存最完好的明清建筑群之一，这里毗邻古老的京杭大运河，河流密度及河石桥数量均为全国古镇之最，处处都能看到“桥里桥”的古桥风景。逛老街，也能充分感受到江南文化的余韵。这里的商铺几乎没有重复，一家店一个风格，只卖一个种类商品，而且价格平稳有保障。

与西栅都是店铺和民宿（乌镇的特色旅店）不同，东栅里面还有当地居民在此生

茅盾故居中茅盾亲手栽种的棕榈树

▲乌镇乌篷船

▶乌镇文昌阁

活，所以东栅保存了原汁原味的江南水乡风貌，以浓郁的生活气息而闻名。漫步在东栅，可以看到街头闲坐的老人、玩耍的孩童，跟他们在一起，能品味真正临水而居、枕河而眠的水乡生活。此外，东栅还保存了很多的历史遗迹，比如茅盾故居、立志书院、晴耕雨读、翰林第等。而且，东栅的手工作坊也特别多，想体验蓝印花布、三白酒的制作过程，当然要选择东栅。当然，东栅也有很多商铺，而且旅行团特别多，人显得拥挤了点。

茅盾故居也位于东栅，现为国家级重点文物保护单位，它坐落在乌镇市河东侧的观前街17号，四开间两进，层木结构楼房，坐北朝南，总面积约450平方米。故居分东西两个单元，是茅盾的曾祖父分两次购买。故居包括卧室、书房、餐厅等建筑，其家具与布置仍是茅盾当初居住时的样子。东侧的立志书院是茅盾少年读书处，现辟为茅盾纪念馆。

立志书院在茅盾故居的东侧，前起观前街，后至观后街，五进院落。书院是旧时读书人求学的地方，大门的门楣上是大大的“立志”二字，天井植桂花树，穿过天井，便是讲堂。与立志书院隔观前街相对的楼阁是文昌阁，这是旧时读书人聚会和科举预考的场所，里面供奉先贤孔子，这里曾是乌镇读书人心目中的圣地。那时读书人到书院或文昌阁都是乘舟而来，将船泊在阁前的河边，主人弃舟登岸，下人就在过道两旁的长凳上等候。

丰富的地方特产

古镇在悠远的历史中留下了珍贵的名优特产。

乌锦。创始人为沈学文，他是乌镇丝绸老字号益大丝号的创始人沈永昌的儿子。他继承父业后，为摆脱传统木机绵绸在市场上滞销的窘境，经多方考察后决定以织锦产品代替传统产品，乌锦由此诞生并走俏。乌锦质地坚实、雍容华美，织造工艺极其繁复，一天仅能织几厘米，可谓“寸锦寸金”。

丝棉。乌镇是蚕桑之乡、丝绸之府的中心地带，所出产的丝绵质地坚柔，无块、无筋、无杂质，色泽洁白，匀薄如纸。当地人称丝绵为“大环绵”或“手绵”。

▼游赏乌镇，需要一种心境。独乘一只乌篷船，在悠悠流水中飘荡，仿佛穿过时间的长河，两旁木屋慢慢后移，一同放下的，还有烦恼的过往。

乌镇盛产竹子，这里的竹器坊，制作的都是老百姓家里常用的日用品和小工艺品，有竹篮子、针线箩、杯垫、首饰盒、斗笠等等，质朴清新，安置在现代居室里也能增添些许古老典雅的味道。

乌镇湖笔也颇具特色。它采用山羊、黄鼠狼、山兔等兽毛为原料，经过70多道手工工序制作而成，具有尖、齐、圆、健四大特色，毫性刚柔相济，书写得心应手，是为“毛颖”之冠，是不少书法绘画爱好者称心如意的物件。

更值得一提的，是古镇上著名的蓝印花布。旧时，乌镇一带染坊遍布，印染业在乌镇非常兴旺。蓝印花布用棉线纺织、黄豆粉刮浆、蓝草汁印花，纯粹的手工环保，可以做衣服布料、三角头巾、茶杯垫、折扇、桌布、雨伞等。在现代都市的家中某个角落，或者身边携带一个这样的蓝印花布物件，必能增添几分江南味道的古韵情致。

舌尖上的乌镇也令人沉醉。姑嫂饼是桐乡

乌镇的传统名点，据考察，这种甜点已经有100多年的历史了。民间传说它是因姑嫂二人斗气而成，故名姑嫂饼。品尝起来味道鲜美，油而不腻，酥而不散，又香又糯，甜中带咸。这种充满乡土气息的糕点价廉物美，成为南方人你来我往馈赠亲友的最佳礼品。

▲乌镇春光

乌镇的定胜糕是另一种美味，形状为荷花，外层是精制的香米和糯米粉，里面是豆沙馅，中间混有少量白糖和桂花。据说是古时乌镇人民为迎接打仗得胜回来的将士们特制的点心，后来因为乌镇自古以读书为荣，有考状元者，亲朋好友便要做几笼定胜糕送行，表达良好的祝愿。

▼乌镇夜色

深厚的人文积淀和古老的生活方式使乌镇成了东方古老文明的活化石。智慧的传承伴随脉脉书香，在这儿展现一幅迷人的历史画卷。

Xi Di Hong Cun

西递、宏村，独享一份宁静

安徽有许多保存完好的古村落，虽不似江南古镇般柔情似水，却自有它的迷人之处，西递与宏村就是它们的杰出代表。这两座古老的徽派民居位于安徽省黄山市黟县境内的黄山风景区，曾获得世界遗产委员会的高度评价：“西递、宏村这两个传统的古村落在很大程度上仍然保持着那些在20世纪已经消失或改变了的乡村的面貌。其街道的风格，古建筑和装饰物以及供水系统完备的民居都是非常独特的文化遗存。”

▶西递大夫第

▼西递村外景

▲西递胡文光刺史牌坊

桃花源里人家

西递村坐落于黄山南麓，距黟县县城8千米，距黄山风景区40千米，距屯溪54千米。这座古村东西长700米，南北宽300米，它始建于北宋，发展于明朝中期，兴盛于清朝初期，距今已有900多年的历史。早先，古村有河水流经，本来取名为“西川”，后因此处设有递送邮件的驿站，因此得名“西递”。

在历史上，西递古村的初建人是唐昭宗李晔的儿子，因为战乱而改作胡姓躲至此处。经年累月之后，形成了一片聚居村落。唐宋时，西递一带文风昌盛。明清时期，许多读书人弃书从商，并在商业领域大获成功。这部分人士于是大兴土木，繁荣故里，在村子周围铺路架桥，在村子中心建房、立祠，将这个小小村落扩建得宽阔舒适又堂皇气派。近代以来，西递一带虽然半数以上的古民居、祠堂、书院、牌坊遭到损毁，但仍然留下了一二百幢保存着明清风格的古民居。

西递古村的整体轮廓呈船形，山环四面，两条溪流穿村而过。街巷里均是青石铺路，小路两旁随处可见白墙黛瓦，耳边不时传来几声鸡鸣狗吠，令人恍若进入一片世外桃源。因此，西递古村又有“桃花源里人家”之美誉。

迷宫里的古建筑

西递古村现已开发出来的明清民居近200幢，有凌云阁、刺史牌楼、瑞玉庭、桃李园、东园、西园、大夫第、敬爱堂、履福堂、青云轩、膺福堂、应天齐艺术馆等20多处景观建筑。这里的古民居多采用黑色大理石，墙体高大，异常坚固，99条高墙深巷纵横其间，像一座布局巧妙的巨大迷宫。

▲宏村南湖书院

这座迷宫的起始处便是村头那座建于明朝万历年间的刺史牌坊。此石坊为三间四柱五楼之格局，象征着胡氏家庭的显赫地位。村中有一座康熙年间的履福堂，厅堂里挂有“书诗经世文章，孝悌传为报本”、“读书好营商好效好便好，创业难守成难知难不难”的对联，可以想见古人的读书经商之风。村中还有一座著名的“大夫第”，也建于康熙年间，是一座标准的用于观景的临街亭阁式建筑，楼额悬有“桃花源里人家”六个醒目大字，门额下处又有题字“作退一步想”，令人颇费思量。大夫第建成初期，常用来表演古装戏曲，现在已成为举办民俗活动的重要场地。

▼宏村外景

中国画里乡村

宏村位于黄山西南麓，距黟县县城11千米，这座古村始建于南宋时期，已有800多年的历史。

如果能从高空俯瞰，宏村的整体轮廓像一头昂首奋蹄的巨牛，那九曲十弯的水圳是“牛肠”，傍泉眼挖掘的月沼是“牛胃”，大面积的南湖是“牛肚”，再看狭长弯曲的“牛肠”两旁，错落排布着140多幢保存完好的明清古居，像是一处自然形成的“牛身”。

这里的著名景点有南湖风光、南湖书院、月沼春晓、牛肠水圳、双溪映碧、亭前大树、雷岗夕照、树人堂、明代祠堂乐叙堂等。村子四周还有雉山木雕楼、奇墅湖、塔川秋色、木坑竹海、万村明祠、爱敬堂等。整体看来，宏村的湖光山色与层楼叠院相得益彰，自然景观与人文景观竞相并秀，置身其中，犹如融入一片水墨画里。故而，宏村又被人称作“中国画里乡村”。

民间故宫承志堂

走进宏村任何一座小院落，入眼皆是砖雕、石雕、木雕与门罩、天井、花园、漏窗、房梁、屏风和家具，处处流露着徽派建筑的元素与气息。在这上百幢古民居里，最杰出的是承志堂。承志堂由清代盐商建造，占地面积广达2000多平方米，是一幢砖木结构的高大楼宇。此楼正厅的横梁、斗拱、花门、窗棂上雕有精细木刻，人物众多，各具神采，层次繁复，线条分明，堪称徽派木雕中的精品。它是黟县境内保护最完美的古民居，素有“民间故宫”之称。

除了承志堂以外，敬修堂、南湖书院、德义堂也别具韵味。敬修堂建于清道光年间，内设两套庭院，内院青石铺地，砌有花坛鱼池，两株百年牡丹侧立其旁。与内院仅一墙之隔的外院融入外界，是一处适合人们品茶饮酒、谈天说地的幽静地方。南湖书院始建于明末，后又于清嘉庆年间扩修，是一座依湖而建的古书院。它由志道堂、文昌阁、启蒙阁、文会阁、望湖楼和园等部分组成，因早称文家塾，所以现在正门当前仍然悬有一面“文家塾”的匾额。

西递与宏村是皖南古村落最杰出的典型代表，也是中国传统村落的精髓之作。它们以世外桃源般的田园风光、工艺精湛的徽派民居和保存完好的村落形态被列入《世界文化遗产名录》。

雨中双桥

Zhou Zhuang

周庄，小桥流水人家

“君到姑苏见，人家尽枕河。古宫闲地少，水巷小桥多。夜市卖菱藕，春船载绮罗。遥知未眠月，乡思在渔歌。”——走进周庄，看小桥流水，听船桨吱呀，一声吴歌响起，这幅小桥流水的画卷就此缓缓打开。

周庄位于苏州城东南，昆山的西南处，有“中国第一水乡”的美誉，是江南六大古镇之一。镇上水路纵横，一百多座明清老建筑依河而建，在各条街道间，有十四座小桥联通，其中就有让周庄闻名于世的双桥。步行在古镇里面，放眼望去都是“小桥流水人家”的幽雅景致，夜晚时更是灯红柳绿浪漫异常。千年历史沧桑和浓郁吴地文化孕育的周庄，以其灵秀的水乡风貌，独特的人文景观，质朴的民俗风情，成为东方文化的瑰宝。作为中国优秀传统文化杰出代表的周庄，成为吴地文化的摇篮，江南水乡的典范。

梦里水乡，是一曲潺潺流水和船声吱呀

周庄不大，三两个小时便可逛完，逛周庄，逛的是一份闲适、一份悠然。清晨早起，在一片清新的空气和悦耳的鸟鸣声中慢慢走，慢慢看，走累了便临水而坐，静静听那不远处传来的评弹声，或是船娘哼唱的小调，抬眼望去到处都是连接的小桥，这其中最有名的应当是双桥了，双桥由世德桥和永安桥组成，明朝时间就已建成使用，距今有450多年的历史。曾经默默无闻的两座桥，因为陈逸飞创作的《故乡的回忆》，成为联合国首日封邮票图案，而周庄也开始走向世界。双桥的妙处还在于它是在成丁字形的河水上建的两座相互垂直的桥，一个成年人可以一步跨到另一座桥，到了周庄你万不可错失如此的乐趣。此外，还有更为古老的贞丰桥、太平桥，相对年轻的全功桥、福洪桥，哪一座都有数百年的历史，这样的桥在周庄大约有十几座，美丽而古老的桥不仅保留了明代时江南重镇周庄的繁华，也锁住了21世纪周庄所特有的宁静，圆了烦躁的都市人返璞归真的梦。

漫游周庄，到处都是“水乡小巷多，人家尽枕河”的画面，水是周庄的灵魂，交错的河水静静地流淌，从清晨到傍晚，从远古到今天。到了周庄，你一定要在河水的柔波上乘船，乌篷船在周庄的河水上左右摇晃，初坐时每一刻都有倾倒的感觉，坐得久了仿佛在母亲的摇篮中，清清的水波温柔地抚摸着小船，很容易把我们带到儿时的梦里。周庄的水纵横交错，河水从几百年前的豪门深巷中流过，流到了你的面前，把你的思绪带向了悠远的时空。

沈厅：繁华落尽，一地沧桑

周庄是著名的江南巨富沈万三的故乡，历史上也是因为沈万三的发迹而兴盛，所以这里有沈万三故居、沈厅、沈万三水墓等与沈万三相关的景点。

沈厅原名敬业堂，由沈万三后裔沈本仁于清乾隆七年（1742）建成。沈厅建筑面积庞大，一共有七进

❶ 周庄临水而建的民居

❷ 周庄水多、船多。船好比周庄人的脚，离开后寸步难行。

❸ 周庄石桥

❹ 周庄商铺

▲古镇周庄始建于1806年，位于上海、苏州、杭州之间。镇为泽国，四面环水，咫尺往来皆须舟楫，所以舟船众多。

五门楼，大小100多间房屋，整个厅堂是典型的“前厅后堂”的建筑格局，气宇轩昂，布置精当，沈家当年的富裕程度如今依然清晰可见。沈厅的第五进中，安放着江南豪富沈万三的坐像，他的面前有金光闪闪的聚宝盆。

沈厅中，砖雕门楼最为精美，下面是五层砖雕，布置紧凑。正中有匾额，刻有“积厚流光”四字，四周额框刻有精细的红梅迎春浮雕。砖雕门楼上还镌有人物、走兽及亭台楼阁等图案，包括《西厢记》、《状元骑白马》等古典戏文，线条精细流畅，人物神态各异，栩栩如生。在一块长不盈尺的砖板上镌刻前、中、远三景，其刻工之精、构思之巧，足可与苏州网师园中的砖雕门楼媲美。

据有关史料记载，沈万三由躬耕起家，后经商致富，富可敌国。朱元璋建立明朝后，沈万三为避祸，主动承担了南京城墙三分之一的修筑费用，另外还捐出白银千锭、黄金百斤，即便如此，朱元璋还是找借口要杀掉他，后被善良的马皇后劝阻，将

其抄家后发配云南。这记载是否确切历来众说纷纭，不管历史上真实的沈万三结局如何，人们现在流连在他的故居，感叹的除了他的财富之多，恐怕还有兴替的变幻无常吧。

三毛茶楼：细品周庄

漫步周庄，还有一个地方不容错过——三毛茶楼。据说三毛来周庄之后，为周庄的美所动容。那些青涩砖石的窄窄小巷、曲曲弯弯的河道、鳞次栉比的老店铺，在三毛眼里像梦一样。站着，走着，看着，面对庄外大片大片的金黄鲜艳的油菜花，三毛竟然唏嘘而泣："在台湾，再也看不到这样的景物了。"周庄的遗憾是没能留下三毛，三毛的遗憾是离开了周庄继而陷入更大的孤独之中，于是三毛写了一篇文章回忆这里的点滴，周庄就这样被大家发现。

茶楼并不大，小小的两间屋光景，没有刻意的装潢，朴素却又让人备感亲切。楼上的墙上陈列着三毛的介绍和画像，贴着有关三毛的资料，以及楼主和三毛的信件往来，还有游客的信件。楼主是周庄的作家张寄寒先生，他与三毛有一段神交，三毛茶楼主要是为了纪念三毛来过周庄而酝酿开办的。这个装修简陋的小茶楼近些年来已接待过成千上万的海内外游客和许多知名人士，被多家电视台拍摄成专题片。

茶楼窗外杨柳依依，窗下水波粼粼，室外清风徐来，室内茶叶飘香，阳光透过斑驳的树叶洒下来，给人一种恍如隔世的错觉。时光慢，因此你才可以撇下身后的喧嚣，感受这难得的静谧与美好。

▼三毛茶楼

▼周庄小桥

Li Jiang

丽江，人与自然和谐的绝佳版本

在众多堪称世外桃源的美景中，云南的丽江是位真正的隐士。无论是路人稀疏的黎明，还是华灯初上的人声繁华，它的宁静如古井无波，难以被外世所扰。来到丽江的游人，总会带有些许恍惚的神情，仿佛依稀，走进另一个时空，遗忘过往，遇见过着另一种生活的自己。

丽江古城位于丽江坝子中心，北依象眠山，南临文笔山，西枕狮子山，古城形似巨砚，故又名大研厢，俗称大研古城。古城在明朝末年已初具规模，以古色古香的石板四方街为中心，街道与小巷交相勾连，呈蛛网状分布。街道均为石子铺就，石子路干净整齐，晴不扬尘，雨不积水。城中石拱桥、木板桥数目众多，每一条街道都伴随着潺潺溪流，交织穿梭。街畔"户户朝阳，家家流水，户户垂杨"，悠悠轮转的木质水车，花近高楼的酒肆茶楼，俨然一派"高原水乡"。

▼丽江古城中的流水与小桥

在当地的纳西人心目中，水是玉龙雪山神明的恩赐，是生命的支柱，他们爱惜水源，城中水流鲜有污染。纵横交错的水路宛如古城的周身血脉，让丽江处处浸润在清透的水汽里，肌骨晶莹灵秀。玉龙雪山上流下的溪水纯净清澈，悠悠地淌过小桥，人的悲伤在它的从容娴静面前不堪一提，也就无人提及。

清晨，熹微的晨光透过清澈的空气洒下，深巷中陆续走出纳西的女子，在水边淘米洗菜。阳光照耀在水面和她们随风轻轻飞舞的发丝上，构成了一幅最质朴安宁的生活画面。光线越来越明亮，四方街附近的店铺陆续打开，晨曦中开始出现游客，他们四处闲逛，似归人，也似过客。

▲束河古镇

经年的沉淀，古城的房舍兼白、彝、汉、藏各族精华，更具有纳西族的独特风采。本地土司木氏“富冠诸土郡”，所营造的木府，花木扶疏，飞檐翘角，宫殿华美异常。在商业化日趋严重的今天，古城依然保留着那份纯朴与自然，相继被列入国家历史文化名城，世界文化遗产。无论声名如何显赫，它沉默依然，任人在此流连徘徊，也不改本色面貌。

▼丽江古城入口处的大水车

夜晚，街巷上升起七彩的霓虹灯，众多店铺门口点亮了悬挂的红灯笼，晚风带来清甜的香气，熙攘的人群穿梭在迷离的光景中。不醉不归的夜晚，被纳西古乐牵引的心房，飘向不知名的远方。唯一存活于世的象形文字“东巴文”，惟妙惟肖的图画文字上，花草虫鱼似流动的音符，在通宵达旦的民族歌舞中活过来。古老的文明揭下一角神秘的面纱，又遁隐而去。

随着旅游的兴旺，丽江时常人声鼎沸，每个人都带着自己的故事来，他们尽情地发呆、游走、

▲丽江木府

木府位于丽江古城西南隅，为纳西族首领木氏世袭丽江土司知府的衙署，因其恢宏大气、光彩夺目，被誉为“丽江紫禁城”。

▼丽江东巴象形文字

沉醉，释放。阁楼上下敲盆砸桶的对歌，灯火阑珊处东倒西歪的跳舞。古城的夜晚是一条承载记忆河灯的流水，在丽江温柔的怀抱里稍事停留，就匆匆远去。在古城的流连光景中人们遗忘过往，在幽静的束河古镇，却能找回另一个自己。这座古镇不大，却是纳西先民最早的聚居地，茶马古道的重要集镇，至今依然保存完好。泉清照影，水去影留，在束河看烟柳拂波，正如望着水中的自己，只是换了场景与心境。圣洁的雪山之下，耀眼的阳光透过芬芳的树叶漏在庭院，天边飘浮着朵朵慵懒的云，载着那些尘封的往事走远，如云朵被风吹散。

在丽江，一花一草轻易就能偷走人的记忆，令人遗失自我。她静静伫立，在万花丛中拨开一泓真实的清泉，一片高远的蓝天，让人在俯仰之间，重新感悟生活的美好，遇见更美的自己。

黑龙潭

位于丽江北象山脚下，也称玉泉，与远处的玉龙雪山相映，景色秀丽。

Chapter
6
城市风情，
不一样的烟火

San Ya Huang Jin Hai An

三亚黄金海岸，浪漫之都

这里流传着一个浪漫的传说。据说很久很久以前，在海南岛有一个残暴的首领，想取一副鹿茸，就强迫黎族青年阿黑上山打鹿。有一天阿黑上山打猎时，看见了一只美丽的花鹿，正被一只豹子紧追，于是用箭射死了豹子，然后对花鹿穷追不舍，一直跑了九天九夜，翻过了九十九座山追到海边的珊瑚崖上。花鹿面对烟波浩瀚的南海，前无去路。此时，青年猎手正欲搭箭射猎，花鹿突然回头含情凝望， 变成一位美丽的少女向他走来。于是他们结为夫妻，在石崖上定居下来，男耕女织，经过子孙繁衍，把这座珊瑚崖建成了美丽的庄园。美丽的庄园慢慢发展成一座美丽的海滨城市——三亚。

▼三亚风光

一湾椰影三面海，水琼天碧处处花

三亚在海南岛的最南端。那里海阔天高、云淡风轻，那里风光旖旎、绿茵如毡，那里瓜果丰饶、香甜可人。它地处热带地区，是中国北方人的避寒天堂，这一“候鸟”现象近几年将三亚的房地产炒得极其火热。同时三亚也是海南省南部的中心城市和交通通信枢纽，是中国东南沿海对外开放黄金海岸线上最南端的对外贸易重要口岸，是中国通向世界的门户之一。自海南建省以来，三亚涌现出一大批旅游景点，创造和打破了世界纪录协会的多项世界纪录，获得多项世界之最，是海南最美丽的旅游胜地，是休闲旅游的好去处。

海南从来都不缺少水的影子。环岛的大片海域，青蓝蓝地倒映着城市高楼林立的美丽。三亚到处是琼浆玉液，据说能让修炼之人得道成仙。这里水甘洌、爽润，你喝一口就会感到心旷神怡。来过三亚、在三亚住过的人都知道三亚的水不仅润肠清肺，还养胃消食，而且舒肝通心，即使生喝也不坏肚子。说来也怪，盛水的器皿用多久，都不会挂上污渍，水放在容器中多久也没有沉淀物。你用它洗脸，洗完后手脸都滑溜溜的，什么都不用擦，什么膏脂都不用抹，那润肤养颜的效果特好。只要几天，你就会感到皮肤变细腻了，北方有过手脚龟裂毛病的人，只需十数八天，自然就好了。所以，三亚的女孩子大多是皮肤细嫩、手柔脸光。三亚的水最妙的地方是做菜、做饭特别香，无论蒸、煮、焯、焖都极有滋味。用它洗衣物还特别干净透落，格外清洁。

▲**“东方迈阿密”——三亚**

人们经常喜欢用“东方迈阿密”来形容三亚，这里的确有海的浪漫，有迷人的沙滩。漫步在三亚，你可以忘记一切烦恼，剩下的就是静谧地享受阳光、海风、沙滩和海水。

海南的空气都泛着淡淡的海的味道，干净的空气在如今这个年代显得格外珍贵。三亚的空气清新洁净，哺育人、滋养人，使人神清气爽。无论清晨傍晚，你吸一口三亚的空气，会觉得心胸开阔、意气风发、身舒体畅，能把你的五脏六腑洗得干干净净。那海面拂来的清风和掠过椰梢的秀气汇合在一起，那么鲜美、那么可人、那么甜润，你会感到你确是跳出三界外，不在五行中了。每逢早晚，海边散步、跑步、锻炼的人成群结队，络绎不绝。就是中午，在绿荫下、椰树旁，人们也一簇簇、一伙伙，在海边铺上凉席或搭起牌桌，或纳凉闲唠，或聚友玩牌，或唱歌跳舞，或赏景观光。那圆融的乐声清音缭绕，悠远流畅，让人心花怒放，置身其中，一定会有一种不是神仙、胜似神仙的感受。那时，你会觉得那“只羡鸳鸯不羡仙”不是平白的抒发，而是实际的感受。

美丽的风景和幽雅的环境是每一个人所追求的。那里的草和树无论长在哪里，无不开出美丽的花朵。所谓赤橙黄绿青蓝紫，色样俱全，各有风韵。有的娇羞含蓄，有的泼辣大方，有的低首掩面，有的张扬撩拨，容颜气质各不相同，可谓百媚千娇。因为三亚本无冬夏之分，所以就是在三九、四九的冬月、腊月，那里也是花团锦簇、满眼风光、花颜妩媚。不管你到大东海、鹿回头，还是去三亚河、临春河，或是到三亚湾、亚龙湾，更不消说山水国际和白鹭公园了，放眼望去，地上是花，原野是花，草丛是花，路边是花，山顶是花，墙上是花，楼顶上也是花，你会觉得你走进了花的海洋、花的王国、花的世界，从而绽开心花，心花怒放。

“东方迈阿密”

美丽的三亚，因着自己独特的地理位置而独具特色。在这里，你能看到从早到晚人们在海边浴场里欢笑。从三亚湾到大东海，直到亚龙湾，都有浴场。但还不止于此，从大酒店到居住小区也都有游泳池。从清晨到午夜，在海滨浴场游泳、冲浪、玩闹、堆沙形、拾贝壳的络绎不绝。白天，片帆点点，汽船、机船、渔船、迤逦海面；夜晚，天星烁烁，灯火辉煌，海面上的游船、轮船的灯光把海水染得五颜六色，各色的激光探照灯和楼灯、路灯、海灯把整个三亚照得神秘而玄奥，能激起你无穷的梦幻和无尽的遐思。在海里玩够了、累了，回到小区或就近再冲冲澡，会让你体肤轻松，心满意足。若是你爱静不爱动，可以坐在沙滩上看看海浪，看看天上的海鸥，或者到临春河、三亚河去看看白鹭，或是弄几把鱼竿钓钓鱼，能使你忘掉各种烦恼，真正达到修身养性的目的。

如果你为了超市里热带水果的昂贵而头疼，如果你总觉得那香甜的水果吃不够，那么这里就是你的天堂。这里的木瓜啊，阳桃啊，椰子啊，还有香蕉、杧果、菠萝、槟榔、橘子、柚子，丰富极了。爱吃水果的人连饭都省了。三亚的路边、椰树上的椰子堆堆串串地在树上挂着，小区里的树上木瓜一串串，家家户户的香蕉树结的香蕉走路都碰头，那可是瓜果飘香的好地方。海鲜更多，千奇百怪、营养丰富的海鲜

处处皆是。鱼啊、虾啊、龟啊、贝类比比皆是，喜欢品尝海鲜的人，就是几个月也尝不完。

在这里没有国界的区分，没有人种的差别，三亚用自己宽容的胸怀包容着世界五大洲的国际友人。金发碧眼的欧洲人，皮肤黝黑的非洲人，以及澳洲人、美洲人都蜂拥而至。外国孩子和中国孩子一起玩，大人们脸上映着笑容，那种和谐及友爱彰显着三亚并非仅为中国人所有，而是全世界的风水宝地。那海阔天高，那绿树红花，那清风明月，全世界人都可以前来共享。

因为这里丰富的自然资源和旅游资源，人们在这里投资，开发旅游、房地产等经济产业，而对它的文化教育投资总是少之又少。海南省的重点中学多集中在海口、文昌、琼海等地，而在三亚，一直以来的低升学率成为文化教育的心头病。只因它的美与繁华让人忘了一切，那种美甚至能让人迷失了自己。

当今的三亚，已是中国对外的一张最美丽、最热情的明信片。这片风景会在未来的岁月里被更多的人看到，而我们更希望的是，三亚的人民也能更多地走出去，带着三亚海一般的胸怀，带着三亚阳光一般的热情，带着三亚永不褪色的青春，向世界展示更高的文明水平。

亚龙湾的沙滩

到了三亚，不到亚龙湾，简直可以说是白来了。在亚龙湾的沙滩上，享受海水，享受海风，享受阳光，才是最地道的三亚旅游。远看海岛，近看山林，轻松而浪漫。

Bu Da La Gong

布达拉宫，万众景仰的圣殿

雄伟壮丽的布达拉宫矗立在拉萨市的红山上，它依山垒砌，巍峨壮观、气势雄浑，像巨人一样俯视着芸芸众生。在藏族人民心目中，布达拉宫是佛教圣地。每年都有成千上万的人，到这里向布达拉宫顶礼膜拜，奉献自己一片虔诚之心。

每当黎明，太阳从拉萨东面石头山冈升起，把光芒投向海拔3600多米的拉萨城的时候，最先亮起来的是布达拉宫。这座巍峨的建筑不仅是藏族人民心中的圣地，更接受着不计其数的来自世界各地的佛教徒的朝拜。虔诚的人们环绕着布达拉宫的四周顺时针不停地行走，并不时伏地而拜。队伍浩浩荡荡，络绎不绝，每一天都是一个永不结束的节日。

布达拉宫是中国现存最大、最完整的藏式宫堡建筑群。它雄踞在西藏自治区首府拉萨市中心的红山上，曾是历世达赖喇嘛的“冬宫”和西藏地方政权与宗教中心。布达拉宫的主体分为白宫、红宫

▼布达拉宫外景

两大部分。“白宫”是达赖喇嘛日常起居和行使政教大权的地方。“红宫”是举行重大宗教仪式的场所。远远望去，白宫横亘在山峦之上，雄姿稳健；它上面的红宫金顶辉煌，巍然耸立。整体建筑气势宏伟，神秘庄严。

◀布达拉宫

▼布达拉宫佛像

布达拉宫内供奉的强巴佛像，强巴佛又称弥勒佛，是藏传佛教中的未来佛。

圣殿的前世今生

布达拉宫始建于公元7世纪初松赞干布时期。他是一位贤能的君主，先后兼并吐蕃诸部，定都拉萨（逻娑），发展生产，创文字，定法律，立官制军，建立了吐蕃奴隶制政权。公元641年，唐朝文成公主嫁到吐蕃，松赞干布为其营造宫室。史书是这样描述的：在红山那里，筑起三道围墙。然后，在围城当中，修

起了堡垒式的宫室999间，又在红山顶上修起一间来凑足千间之数。这些宫室都装有金铃、珍珠网等物，显得十分壮丽，真与天宫媲美。后因战乱失火等磨难与沧桑，仅存法王洞和超凡佛殿两处。

公元17世纪，五世达赖喇嘛阿旺·罗桑嘉措在青海蒙古族和硕特首领固始汗的武力扶持下夺取全藏政权。此后不久，他的经师、甘丹寺大法台林麦夏仲·贡觉群培等人倡议新建一所用以指挥全藏政治活动的中心宫殿，以巩固政教合一的封建农奴制，扩大政治影响。1645年藏历4月1日，五世达赖宣布重建布达拉宫。用3年时间重建了白宫，他圆寂后，其总管第巴桑杰嘉措又修建了红宫和五世达赖灵塔，后经历多次的扩建，才有今天的规模。

布达拉宫具有鲜明的藏式风格，依山而建，气势雄伟。整个

❶ 到布达拉宫朝圣的藏民

❷ 布达拉宫是藏民眼中的神圣之地。

建筑占地面积13万平方米，主楼高达117米，大小房间2000余间。宫殿的设计和建造根据高原地区阳光照射的规律，墙基宽而坚固，墙基下面有四通八达的地道和通风口。屋内有柱、斗拱、雀替、梁、椽木等，组成撑架。铺地和盖屋顶用的是叫"阿尔嘎"的硬土，各大厅和寝室的顶部都有天窗，便于采光，调节空气。宫内的柱梁上有各种雕刻，墙壁上的彩色壁画面积有2500多平方米。

布达拉宫内部主要由达赖喇嘛宫殿、佛殿及僧院各政权机构三大部分组成。布达拉宫白宫顶层为达赖喇嘛宫殿，分东、西日光殿，其中既包括达赖喇嘛的生活起居处、书房、经堂等，又有议政、会客等场所。布达拉宫内拥有包括达赖喇嘛灵塔殿在内的各类佛殿38个，还有1个拥有175名僧人的殊胜僧院，主要从事达赖喇嘛的佛事活动。过去西藏噶厦政权的重要职能机构也都设在布达拉宫，宫内的东西大殿曾是重要的宗教和政治活动场所。

1959年，十四世达赖丹增嘉措离开西藏。自此之后，布达拉宫不再用于政治活动，而只是保留了其宗教功能。

1961年，布达拉宫被列为第一批全国重点文物保护单位。1994年，被联合国教科文组织列为世界文化遗产。

▲布达拉宫内景

走进圣殿，感受华妙庄严

作为藏传佛教的圣地，每年到布达拉宫的朝圣者及旅游观光客不计其数。他们一般由山脚无字石碑起，经曲折石铺斜坡路，直至绘有四大金刚巨幅壁画的东大门，并由此通过厚达4米的宫墙隧道进入大殿。

在半山腰上，有一处约1600平方米的平台，这是历代达赖观赏歌舞的场所，名为"德阳厦"。由此扶梯而上经达松格廓廊道，便到了白宫最大的宫殿东大殿。有史料记载，自1653年清朝顺治皇帝以金册金印敕封五世达赖起，达赖转世都须得到中央政府正式册封，并由驻藏大臣为其主持坐床、亲政等仪式。此处就是历代达赖行坐床、亲政大典等重大宗教、政治活动的场所。

红宫是达赖的灵塔殿及各类佛堂，共有灵塔8座，其中五世达赖的是第一座，也是最大的一座。据记载仅镶包这一灵塔所用的黄金就达11.9万两之多，并且经过处理的达赖遗体就保存在塔体内。西大殿是五世达赖灵塔殿的享堂，它是红宫内最大的宫殿。殿内除乾隆帝御赐“涌莲初地”匾额外，还保存有康熙皇帝所赐大型锦绣幔帐一对，为布达拉宫内的稀世珍品。传说康熙皇帝为了织造这对幔，曾专门建造了工场，并费工一年才得以织成。从西大殿上楼经画廊就到了曲结竹普(松赞干布修法洞)，这座公元7世纪的建筑是布达拉宫内最古老的建筑之一，里面保存有松赞干布、文成公主及其大臣的塑像。红宫内的最高宫殿名叫萨松朗杰(意为胜三界)，其

中供奉清乾隆皇帝画像和“万岁”牌位。大约自七世达赖格桑嘉措起，各世达赖每年藏历正月初三凌晨都要来此向皇帝牌位朝拜，以此表明他们对皇帝的臣属关系。

今天，人们眼中的布达拉宫，不论是它石木交错的建筑结构，还是从宫殿本身所蕴藏的文化内涵看，都能感受到它的独特性。它似乎总能让到过这里的人留有深刻的印象。统一花岗石的墙身；木质屋顶及窗檐的外挑起翘设计；全部的铜瓦鎏金装饰，以及由经幢、宝瓶、摩羯鱼、金翅鸟做脊饰的点缀……这一切完美配合使整座宫殿显得富丽堂皇。大殿内的壁画亦是布达拉宫内一道别致风景，在这堪称巨型绘画艺术长廊内，既记载有西藏佛教发展历史，又有五世达赖生平、文成公主进藏过程，还有西藏古代建筑形式和大量佛像金刚等，说它是一部珍贵的历史画卷毫不为过。

从布达拉宫的西端出口，经曲折山路从后山下来，山脚下是一片美丽的园林，名为宗角禄康。原是五世达赖重建布达拉宫时掘土形成的人工湖。六世达赖喇嘛仓央嘉措在湖中兴建了龙王宫。现园内林木葱葱，流水淙淙，充满了生机和灵气，与布达拉宫完美地融合为一体，它使得布达拉宫背面柔美秀丽，与正面相得益彰。仓央嘉措还是一位才华出众、富有文采的诗人，他创作了很多情感真挚、词句优美的诗歌，如今已被译成20多种文字，几乎传遍了全世界。

布达拉宫建筑繁多，珍品让人目不暇接，想一天看完只能走马观花。抬眼远眺，拉萨河像玉带一样围绕着拉萨汩汩流过，远处群山起伏，阡陌纵横，气象万千。蓦然回首，布达拉宫沐浴在阳光下，被阳光染上一层金色，更增添了神秘气氛。

Ha Er Bin Tai Yang Dao

哈尔滨太阳岛，松花江上的明珠

太阳岛坐落在哈尔滨市松花江北岸，与繁华的市区隔水相望，是全国著名的旅游避暑胜地。这里碧水环抱，花木葱茏，幽雅静谧，野趣浓郁，是哈尔滨的后花园。冬季的太阳岛更是独具特色，雪雕游园会驰名中外。

20世纪80年代初，郑绪岚演唱的《太阳岛上》红遍大江南北，“小伙们背上六弦琴，姑娘们换好了游泳装，猎手们忘不了心爱的猎枪”，那轻快、甜美、时尚的词曲早已为太阳岛公园做了最好的广告，使太阳岛几乎成了全国人民心中哈尔滨形象的代名词，来到哈尔滨，太阳岛自然是必游之地。

▼太阳岛瀑布

太阳岛之名是怎么来的呢？很多年以前，这个岛屿盛产鳊花鱼，女真族鳊花鱼的发音是“太宜安”所以这个岛就被人称为太宜安，久传至今被称为太阳岛。

20世纪随着中东铁路的兴建，许多外国侨民相继来到哈尔滨，并且纷纷到这里修建别墅。现在岛上的欧式建筑便是那时留下的。随着游人增多，太阳岛成为人们进行丰富水上运动的场所。

神奇的太阳石

公园大门外，矗立着一块深红色的景观石名“太阳石”，长7.5米，厚2米，高4.3米，重150吨，是一块天然奇石。上书太阳岛三个大字，为赵朴初先生所题。相传，太阳石为太上老君炼丹时遗落的仙丹。金太祖完颜阿骨打少年时，在石上磨刀励志；成年时，与将领在石上画灰议事（当时金朝军队作战之前高级将领的军事会议，以灰土当纸，树枝做笔，勾勒进军线路图，会后将灰一抹不留痕迹），灭辽攻宋；东北抗日联军李兆麟将军曾率人在此休息过，有“火烤胸前暖，风吹背后寒”的说法。当然，这些说法均为民间传说，无官方考证。不过，这也正说明太阳石被当地百姓认为是一颗奇石。

太阳岛大门名“太阳之门”，创意主题为“太阳的窗口”，有“阳光明媚的地方”的含义。大门轮廓连同门旁的连廊呈曲线形如白色浪花，由中俄设计师联合设计，造型新颖别致，洋气十足。

秀丽的水阁云天

水阁云天主景面积1515平方米，采用现代园林造景手法，建成长廊、连廊、方阁三个部分。水面上二层方阁，54个黑色贴面大理石柱，水阁云天广场铺设方石路。两旁林荫之下，设有石桌石凳，正门前两侧配有长廊和花池。这座建筑是1980年开工，1981年竣工的。太阳湖当时是全市人民参加义务劳动挖出的人工湖，挖出的土方，一部分用于改造周围环境，一部分就堆积成了太阳山。

园中的湖光山色，是由人工湖和假山构成。现在称它为太阳湖和太阳山。以太阳湖为中心，共修建相互贯通的五个湖。湖上有姊妹桥、亭桥、白玉桥。湖边垂柳如丝、亭桥如画，倒影湖中，形成“亭桥映柳”的秀丽景观。在太阳山中，修有一处三叠瀑布，清白的水帘半山垂挂，鸣溅之声遥遥可闻，这一景观就是“清泉飞瀑”。

静谧的天鹅湖

从太阳瀑再向西走便来到天鹅湖，宁静的湖面上，黑天鹅在成双成对的游弋，

太阳岛正门

温馨提示

太阳岛雪雕游园会是哈尔滨冰雪节的重要组成部分，每年12月至次年2月举办。

▶**哈尔滨的雪雕**

也许只有在这个冰雪之城才可以找到雪雕。

边觅食边秀恩爱，不时曲项向天歌。湖上修有木栈道便于游客近距离观赏，黑天鹅们会主动接近游客，接受投食，配合照相，但绝不做乞怜状，姿态优美、典雅、高贵，博得游客的喜爱、尊重、羡慕。黑龙江省的轮廓像展翅的天鹅，这天鹅湖可谓太阳岛公园的点睛之笔，这群黑天鹅可作黑龙江省的形象大使！

太阳湖和天鹅湖并不算很大，加起来也不过六七万平方米，但因情侣们在湖中摇浆泛舟，白天鹅、黑天鹅们在芦苇丛中尽情嬉戏，也别有一番情趣。太阳岛有山，尽管“太阳山”并不高，但和“太阳湖”交织在一起，不乏湖光山色的味道；有“太阳瀑”，尽管是人造的，谈不上飞流直下三千尺，却也气势磅礴，给盛夏的人们带来丝丝清凉；有“鹿园”和“松鼠岛”，那些温驯可爱的小鹿和活泼可爱的小松鼠，给公园平添许多生气；有“红柳

林”、“白桦林”、“丁香园”、“花卉园”和保养不错的绿色草坪。作为一座城市公园，自然风景加上人工设计，呈现出一派迷人的风采。

闻名世界的雪雕

太阳岛不仅是夏季旅游避暑的胜地，更是冬季冰雪旅游的乐园。每年在冰封雪飘的隆冬时节，这里银装素裹，玉树琼枝，好一派北国风光。人们到太阳岛上打雪橇、抽冰尜、乘冰帆、堆雪人、坐马拉爬犁等，冰雪游乐活动十分丰富。闻名遐迩的哈尔滨雪雕、雪塑，您一定听说过。哈尔滨一年一度的雪雕博览会就是在太阳岛举办的，截至2014年冬，已经成功举办了二十七届。由于岛上空气清新，污染少，雪质好，一到冬季，一座座造型各异的雪塑制品，竞相展现在游人面前，给岛上的冬季增添了无限生机。

太阳岛雪雕

雪在东北是司空见惯的，但太阳岛雪博会的雪却是不同凡响的，规模宏大，气势磅礴，体现了东北人的豪放气质。

有人说太阳岛是都市里的雪乡，是的，太阳岛的雪是以雕塑的姿态绽放，它的恢宏气势，它的冰清玉洁，它的精美姿态，它的想象能力，它的短暂生命，都是独有的。以二十七届雪博会为例，该届的大型主塑群雕《绽放》，一下子就把远近游客震撼了：主体高达39米，是目前世界上最高的雪塑作品；整个主塑由7部分组成，长度达360延长米，占地面积1.2万平方米，它是世界上占地最大的雪塑。

在外观表现上，太阳岛雪雕已从过去的深浮雕演变成现在的立体圆雕；在空间布局上，用冰花元素展示雪雕作品的立体多维空间，增加了多层次表现力；在展现手法上，从二维演变成现在的三维立体构成，让人们感觉到空间立体与通透感更加强烈。雕塑内容也是五花八门，有历史人物，有神话故事，有世界名胜，无不惟妙惟肖，巧夺天工。

雪雕的手法实在是别出心裁，只有想不到，没有做不到。3000平方米的“雪墨园”，将传统的水墨书画艺术融入雪雕作品中。水墨绘在雪墙上，线条和色块与雪交融，颇有宣纸上作画的浸润感。在洁白的雪墙上，人们看到了奔马、葡萄、呼之欲出的青虾……

Fu Zi Miao Qin Huai He

夫子庙、秦淮河，

金陵自古繁华地

秦淮河旅游区，位于南京老城区城南，从市区出发，坐汽车约需20分钟才能到达。它以夫子庙为中心，集游览、购物、品尝风味于一体，展示古城风貌和民族风情。

秦淮河，是流经南京城内的一条重要河流，相传它是秦始皇开凿的一条人工运河，用以沟通淮水和长江，其实不然。地质考察证明，它是一条历史悠久的天然河流。历史上的秦淮河，河道宽绰，自五代吴王杨行密在长干桥一带筑石头城以后，河道开始变窄，并被分隔成内、外秦淮。内秦淮河由东水关入城，经夫子庙，再由水西门南的西水关出城与外秦淮河汇合。河流全长10千米，这就是古往今来令无数文人墨客为之赞美倾倒、寻迹访踪的“十里秦淮”了。唐朝大诗人李白、刘禹锡、杜牧等都曾为她写下诗篇，孔尚任的《桃花扇》和吴敬梓的《儒林外史》中，也都对“十里

▼夫子庙

▲秦淮河游船

秦淮”有过生动的描写。

从六朝时起，夫子庙一带的秦淮河两岸已是商贾云集、市井相连的繁华之地，河中舟船穿梭，两岸楼宇林立。世家大族聚居于此，留下乌衣巷的故事；舞榭歌台丝竹不绝，遂有“秦淮八艳”的传说。

秦淮河夜色

十里秦淮，以夜色最美。夜幕降临后，市井彩灯初放，把整个秦淮河两岸装点得美轮美奂，河中的画舫，灯火通明，把河水映得流光溢彩。来秦淮，怎能不乘船一游？

游船码头就在夫子庙门前，此处河段自宋以后就成了孔庙的泮池。河南岸的一段朱红色石砖墙，是夫子庙的照壁。这照壁宽大居全国之最，上面的“二龙戏珠”图案，由彩灯映照，金龙轻踏蓝紫祥云，口吐赤火，欲腾欲飞，很是逼真。

随着巨龙，小舟开始荡漾。桥是江南水乡的魂灵，也是秦淮河的魂魄。水上之旅穿过的第一座桥便是文源桥。继续前行，一股幽香袭来，只见河畔蔓延着层层叠叠的青柳与夹竹桃。经过平江桥，是水上“明珠”之称的白鹭洲公园，这曾是明代开国功臣中山王徐达的私家花园，得名于诗仙李白的诗“三山半落青天外，二水中分白鹭洲”。

白鹭洲公园的袅袅歌声刚刚消逝，便是传说中的“桃叶渡”。桃叶渡之名的由来，要追溯到东晋时代，大书法家王羲之的七子王献之，常在这里迎接他的爱妾桃叶渡河。那时秦淮河水面宽阔，遇有风浪，若摆渡不慎，常会翻船。桃叶每次摆渡心里害怕，因此王献之为她写了一首《桃叶歌》：“桃仙复桃叶，渡江不用楫，但渡无所苦，我自迎接汝。”后人为了纪念王献之，遂把他当年迎接桃叶的渡口命名为桃叶渡。这个象征爱情的渡口，吸引了无数青年男女在此幽会谈情。

不知不觉游船驶进外形酷似城堡的东水关。东水关公园内绿树成荫，芳草萋萋，花卉争奇斗艳。东水关通水不通航，游船掉头驶向中华门城堡。

船回文源桥，继续前行就到了秦淮河上最有名的文德桥。据说每年农历十一月十五的子时，文德桥将天上的满月一分为二，桥的东西两边各一半，这就是著名的文德分月。这奇观与无锡锡惠公园的二泉映月、杭州西湖的三潭印月齐名，被称为三大奇观。

游船终点到了，游客半晌才从历史中穿越回现实，意犹未尽。

东南第一学宫：夫子庙

夫子庙又称孔庙，文庙，是祭祀中国古代著名的大思想家、教育家孔子的庙宇。

夫子庙的庙门叫棂星门，走过棂星门，便是孔庙的正门，叫大成门。庙院两侧是碑廊，廊内陈列了当代书法名家的碑刻30块。沿着中间的甬道走，前面就是大成殿了。大成殿内供奉着孔子的画像，为画家王宏喜按照唐吴道子的孔子画像用一年时间画成，两旁是四亚圣的汉白玉雕像，东西两侧摆放有古代庆典时演奏的乐器。大成殿的四周墙壁上还悬挂着38幅反映孔子生平事迹的镶嵌壁画，称“孔子圣迹图”，是浙江乐清200多名匠师采用玉石、翡翠、黄金、珠宝等贵重材料，耗时三年雕成。

过了大成殿再往前走，便是学宫。门楣上方题有“东南第一学”。后面是明德堂，明德堂是学宫的正堂，建于南宋绍兴九年（1139），堂名为文天祥所书。现在的这块匾额是后人模仿文天祥手迹写成。明德堂是学子集会的地方，每月朔望（农历初一和十五）朝圣后，学子在此集会，训导师宣讲圣教和上谕。明德堂前院中新建两个亭子，东为习礼亭，内挂“礼运钟”，西为仰圣亭，内置“圣音鼓”。

接着是尊经阁、青云楼、崇圣祠。尊经阁原为上下两层，上存儒学经典，下为课堂。现为1988年新建的三楹三层仿古建筑，为南京民俗馆。青云楼为供奉历代督学使的祠堂和学宫秀才阅览经书的地方。

人文渊薮：江南贡院

贡院原是古代时南京规模庞大的考试场。贡院建于南宋乾道四年（1168），是县府考试场所。明太祖朱元璋定都南京后，这里成了乡试、会试场所。永乐十九年（1421）迁都北京后，南京仍作为陪都，加上江南又是人文圣地，考试仍在这里按期

举行。明成祖继续派人建造江南贡院，明清两代对贡院不断扩建，到清光绪时，贡院规模之大，已成为当时23个行省的贡院之最。才子唐伯虎、画家郑板桥、小说家吴敬梓、《西游记》作者吴承恩、民族英雄林则徐等著名历史人物，当年都曾在这里奋笔疾书。

有一个数字：清代同治年间，供考试用的“号舍”有20644间，且还不包括司考官员、职司人员的办公住宿用房。可惜现存贡院建筑已屈指可数，明远楼就是保存下来的贡院建筑之一，而其他大部分已被辟为市场。当年，考生考完后，“金榜”就张贴在前面的贡院街。清末废除科举后，贡院也随之失去了原来的作用。

王谢旧居：乌衣巷

从繁华热闹的夫子庙出发，走过秦淮河上的文德桥，往西南行数十米，便可以看到乌衣巷了。晋朝时，这里是王、谢两大豪族的居住地，自是煊赫非常。后来日渐凋敝，唐朝刘禹锡凭吊怀古，咏出“旧时王谢堂前燕，飞入寻常百姓家”的名句。巷子窄窄的，路面由青砖铺成，两侧是白墙灰瓦的仿古建筑，别有一番韵味。进了巷口一转弯，就可看见一面雪白的墙上有“王谢古居”四个金色大字，随之见到一所朱门大府，高挂“王谢古居”的大匾，则无疑是那传说中的王谢堂府了。

重修后的王谢古居，分为来燕堂、听筝堂和鉴晋楼。“来燕”取自当年谢安以燕传信的故事，听筝堂是当年晋孝武帝驾临谢宅听谢安弹古筝之地。“鉴晋”则有“以史为鉴，可以知兴替”的意思。古居里有东晋雕刻展、东晋起居室、淝水之战壁画，竹林七贤图等，重现了魏晋人物的风采。其实乌衣巷古迹早已不存，今天的一切都是新制的，但有这么一个让人了解历史文化的地方，用意还是很好的。新东西搁久了，也就成了文物。

❶ 秦淮河游船码头 ❸ 江南贡院
❷ 秦淮河夜景 ❹ 乌衣巷

附录

有些地方，今生必须要去一次。除此前外，这里还有68个5A景区，68段美丽旅途，在等你。

天坛公园祈年殿

位置：北京天坛公园
特色：明清两代帝王祭祀皇天，祈五谷丰登之场所。
主要看点：圜丘坛、皇穹宇、祈谷坛、皇乾殿、七十二连房、祈年殿、丹陛桥等
旅游旺季：四季皆宜

盘山挂月峰

位置：天津蓟县盘山景区
特色：自然山水与名胜古迹并著，清乾隆帝曾留下“早知有盘山，何必下江南”的感叹。
主要看点：五峰八石、三盘之胜、寺庙、北少林、玉石庄等
旅游旺季：春季、秋季

白洋淀的荷花

位置：河北省保定市安新白洋淀景区
特色：白洋淀由一百多个大小淀泊组成，其中白洋淀最大，总称白洋淀。
主要看点：鸳鸯岛和休闲岛、荷花大观园、王家寨、水上游乐园等
旅游旺季：夏季

平遥古城内的客栈

位置：山西省平遥县平遥古城景区
特色：平遥古城是中国古代城市在明清时期的杰出范例，平遥古城保存了其所有特征。
主要看点：平遥县衙、日升昌票号、文庙、清虚观、双林寺、镇国寺、城墙、瓮城等以及民俗活动
旅游旺季：四季皆宜

响沙湾驼队

位置：内蒙古鄂尔多斯市达拉特旗响沙湾旅游景区
特色：因沙子会唱歌而得名，是集观光与休闲度假为一体的特大型综合型的沙漠休闲景区。
主要看点：景区主要包括四个岛和一个度假村，可以观沙漠风景，也可以玩骑骆驼、滑沙等娱乐项目
旅游旺季：5~10月

金石滩日落

位置：辽宁省大连市金石滩景区
特色：金石滩三面环海，呈元宝状，东部半岛8公里的海岸线上，浓缩了距今6亿至3亿年间的地质奇观。
主要看点：黄金海岸、金石园、滨海地质公园、金石蜡像馆、生命奥秘博物馆、发现王国等
旅游旺季：夏季

野三坡百里峡

位置：河北省涞水县野三坡景区

特色：以雄、险、奇、幽的自然景观和历史文物著称。

主要看点：华容道、牛角峰、老虎嘴、爽心瀑、一线天、栈道等

旅游旺季：春季、秋季

西柏坡纪念馆

位置：河北省平山县西柏坡景区

特色：党中央和毛主席曾在此指挥了辽沈、淮海、平津三大战役，是中国革命圣地之一。

主要看点：中共中央旧址、西柏坡陈列馆、西柏坡纪念碑、五位领导人铜铸像等

旅游旺季：春季、夏季

云冈石窟佛像

位置：山西省大同市云冈石窟景区

特色：与敦煌莫高窟、洛阳龙门石窟和天水麦积山石窟并称为中国四大石窟。

主要看点：北魏鲜卑王朝留下的一座历史丰碑，大大小小的石窟中佛、菩萨、弟子、护法等形象众多，亦有一些佛经故事画。

旅游旺季：四季皆宜

五大连池风光

位置：黑龙江省黑河市

特色：火山喷发形成五个相互连接的湖泊，因而得名五大连池。

主要看点：莲花湖（一池）、燕山湖（二池）、白龙湖（三池）、鹤鸣湖（四池）、如意湖（五池），还有龙门石寨、火烧山等火山地貌景观

旅游旺季：夏季

东方明珠电视塔

位置：上海市浦东新区

特色：是上海的标志性文化景观之一，塔高约468米。

主要看点：太空舱、旋转餐厅、上海城市历史发展陈列馆等

旅游旺季：四季皆宜

中山陵

位置：江苏省南京市钟山-钟山陵风景区

特色：山光与水色齐聚，山、水、城、林融为一体，囊六朝、明代、民国、佛教等文化于一山之中。

主要看点：中山陵、明孝陵、梅花山、灵谷寺、南京音乐台、美龄宫、紫金山天文台、中山植物园等

旅游旺季：四季皆宜，春、秋最美

附录

有些地方，今生必须要去一次。除此前外，这里还有68个5A景区，68段美丽旅途，在等你。

五台山塔院寺大白塔

位置：山西省忻州市五台县五台山景区

特色：中国四大佛教名山之一，融自然风光、历史文物、佛教文化为一体。

主要看点：五爷庙、黛螺顶、塔院寺、菩萨顶、显通寺、南山寺等

旅游旺季：夏季

梵净山

位置：贵州省铜仁市梵净山旅游区

特色：梵净山系武陵山脉主峰，是中国的佛教道场和自然保护区，入选世界自然遗产名录。

主要看点：棉絮岭、红云金顶、蘑菇石、观音瀑布、黔金丝猴、珙桐等

旅游旺季：四季皆宜，春天最佳

西安城墙

位置：陕西省西安市城墙·碑林历史文化景区

特色：西安明城墙是中国现存规模最大的古代城垣；碑林博物馆是中国独树一帜的艺术博物馆。

主要看点：城墙的永宁门、安远门、长乐门、安定门；碑林博物馆的历代书法名家碑刻

旅游旺季：春季、秋季

同里水乡

位置：江苏省苏州市吴江区

特色：自宋代建镇距今已有一千多年历史。“川”字形的15条小河分隔成七个小岛，49座古桥，以“小桥、流水、人家”著称。

主要看点：明清街、耕乐堂、松石悟园、陈去病故居、南园茶社、退思园、三桥、崇本堂等

旅游旺季：四季皆宜，秋天最佳

瘦西湖

位置：江苏省扬州市

特色：瘦西湖在清代康乾时期已形成基本格局，有“园林之盛，甲于天下”之誉。

主要看点：大虹桥、长堤春柳、钓鱼台、五亭桥、凫庄、小金山、熙春台、二十四桥、白塔等

旅游旺季：四季皆宜

永定土楼

位置：福建省南靖县、永定县福建土楼风景区

特色：福建土楼作为福建客家人引为自豪的建筑形式，是福建民居中的瑰宝。

主要看点：二宜楼、集庆楼、洪坑土楼群、田螺坑土楼群、福裕楼、虎豹别墅、裕昌楼等

旅游旺季：四季皆宜

普陀山观音像

位置： 浙江省舟山市

特色： 普陀山是舟山群岛中的一个小岛，形似苍龙卧海，素有“海天佛国”“南海圣境”之称。

主要看点： 莲洋午渡、梅湾春晓、磐陀夕照、法华灵洞、千步金沙、茶山夙雾、观音洞等

旅游旺季： 春季、秋季

鲁迅故居

位置： 浙江省绍兴市鲁迅故居–沈园风景区

特色： 鲁迅故居是新中国成立后浙江省最早建立的纪念性人物博物馆。

主要看点： 鲁迅祖居、三味书屋、风情园、百草园

旅游旺季： 四季皆宜

南浔古镇

位置： 浙江省湖州市南浔古镇景区

特色： 小桥流水人家与大宅园林交相辉映。

主要看点： 小莲庄、嘉业堂藏书楼、张石铭旧宅、刘氏梯号、百间楼、张静江故居、南浔文园等

旅游旺季： 四季皆宜

趵突泉

位置： 山东省济南市趵突泉公园

特色： 该泉位居济南七十二名泉之首，被誉为“天下第一泉”。

主要看点： 观澜亭、柳絮泉、漱玉泉、马跑泉、胜景坊、来鹤桥等

旅游旺季： 夏季

蓬莱八仙过海口

位置： 山东省烟台市蓬莱阁旅游区

特色： 由三个景区共同组成，其中蓬莱阁是中国古代四大名楼之一，素以“人间仙境”著称于世。

主要看点： 蓬莱阁、蓬莱仙岛、方壶胜境、瀛洲仙境、瀛洲书院、珍宝馆、八仙楼、环海长廊、拜仙坛等

旅游旺季： 夏季、秋季

孔庙

位置： 山东省曲阜市三孔旅游区

特色： 包括孔府、孔庙、孔林，是中国历代纪念孔子、推崇儒学的表征。

主要看点： 孔府，孔庙中的金声玉振堂、奎文阁、杏坛、十三碑亭，孔林中的孔子墓等

旅游旺季： 四季皆宜，春、秋更佳

附录

有些地方，今生必须要去一次。除此前外，这里还有68个5A景区，68段美丽旅途，在等你。

滕王阁

位置：江西省南昌市滕王阁旅游区

特色：江南三大名楼之一，因王勃一篇《滕王阁序》而名扬天下，声振古今。

主要看点：阁内收藏有画作、古籍、石刻、木雕等艺术品，还有定时的歌舞表演，台基下面有历代圣旨博物馆。

旅游旺季：四季皆宜，秋天最佳

徽州古城

位置：安徽省黄山市歙县古徽州文化旅游区

特色：徽州古城始建于秦朝，是保存完好的中国四大古城之一。

主要看点：徽园、许国石坊、徽州府衙、徽商大宅院、渔梁古坝、徽州街巷、陶行知纪念馆等

旅游旺季：春季、夏季

鼓浪屿夕照

位置：厦门市思明区鼓浪屿风景区

特色：因涨潮水涌，浪击礁石，声似擂鼓而得名，是厦门最大的一个卫星岛之一。

主要看点：日光岩、菽庄花园、皓月园、毓园、鼓浪石等

旅游旺季：四季皆宜

沂蒙山日出

位置：山东省中部沂蒙山风景区

特色：包含蒙山云蒙景区、蒙山龟蒙景区、沂山景区三个景区，山清水秀，是养生长寿的圣地。

主要看点：每个景区都有不少景点，比如云蒙景区的中国瀑布，龟蒙景区的九龙潭、悬崖栈道，沂山景区的百丈瀑布等。

旅游旺季：4~10月

刘公岛日出

位置：山东省威海市威海湾刘公岛景区

特色：刘公岛素有“东隅屏藩”和“不沉的战舰”之称，森林覆盖率达87%，有“海上仙山”和“世外桃源”的美誉。

主要看点：甲午战争博物馆、北洋海军提督署、丁汝昌纪念馆、铁码头、炮台、龙王庙

旅游旺季：夏季

少林寺大雄宝殿

位置：河南省登封市嵩山少林景区

特色：嵩山是古之名山，为五岳之中岳，后来更是因为少林寺而名震天下。

主要看点：少林寺、塔林、中岳庙、嵩阳书院

旅游旺季：春季、秋季

武夷山

位置：福建省武夷山市武夷山风景区

特色：是地球同纬度保护最好、物种最丰富的生态系统。

主要看点：九曲溪、天游峰、一线天、水帘洞等

旅游旺季：春、夏、秋三季

黄鹤楼

位置：湖北省武汉市黄鹤楼公园

特色：黄鹤楼是有着1700多年历史的风景名胜，有“天下江山第一楼”之称。

主要看点：适合怀古，适合等高望远，周围还有落梅轩、白云阁等景点。

旅游旺季：春季、秋季

三峡人家

位置：湖北省宜昌市夷陵区

特色：依山傍水，风景如画：传统的三峡吊脚楼点缀于山水之间，久违的古帆船、乌篷船安静地泊在三峡人家门前……

主要看点：水上人家、溪边人家、山上人家、石令牌、灯影石、明月湾、灯影洞等

旅游旺季：四季皆宜

云台山

位置：河南省焦作市修武县

特色：因山势险峻，峰壑之间常年云锁雾绕而得名。

主要看点：红石峡、潭瀑峡、泉瀑峡、青龙峡、峰林峡、子房湖、茱萸峰、叠彩洞、猕猴谷、百家岩、万善寺等

旅游旺季：夏季、秋季

长隆野生动物世界

位置：广东省广州市番禺区长隆旅游度假区

特色：融知识和趣味于一体，是一个非常适合孩子的度假区。

主要看点：长隆欢乐世界、长隆国际大马戏、香江野生动物世界、广州鳄鱼公园、长隆高尔夫练习中心

旅游旺季：欢乐世界适合夏季去玩水，动物园四季皆宜。

华侨城世界之窗

位置：广东省深圳市华侨城旅游度假区

特色：以文化旅游为主的大型主题公园。

主要看点：欢乐谷、锦绣中华、世界之窗、中国民俗文化村等

旅游旺季：四季皆宜

附录

有些地方，今生必须要去一次。除此前外，这里还有68个5A景区，68段美丽旅途，在等你。

武当山逍遥谷

位置：湖北省十堰市

特色：武当山风景秀丽，也是道教名山和武当武术的发源地，被称为“天下第一仙山”。

主要看点：太和宫、古铜殿、紫金城、净乐宫、玄岳门、玉虚宫、太子坡等

旅游旺季：春季、秋季

武陵源峰林

位置：湖南省张家界市武陵源–天门山景区

特色： 武陵源属砂岩峰林地貌，到处是石柱石峰、断崖绝壁、流泉飞瀑、珍禽异兽。

主要看点：张家界森林公园、金鞭溪、天子山、袁家界、杨家界、十里画廊等

旅游旺季：春季、秋季

衡山冬景

位置：湖南省衡阳市南岳区

特色：自古以来的名山，为五岳中的南岳，风景在五岳中最为秀丽。

主要看点：祝融峰、紫盖峰、芙蓉峰、石廪峰、天柱峰、衡山牌坊、神州祖庙

旅游旺季：夏末秋初

白云山上夜观羊城

位置：广东省广州市白云山风景区

特色：白云山登高可俯览全市，遥望珠江。每当雨后天晴或暮春时节，山间白云缭绕，蔚为奇观，白云山之名由此得来。

主要看点：麓湖公园、摩星岭、云溪生态公园、雕塑公园等

旅游旺季：春季、秋季

雁南飞茶田

位置：广东省梅州市雁南飞茶田景区

特色：景区以茶文化为主题，处处是群山环抱，百花繁盛，茶田叠嶂，四季如春。

主要看点：雁南飞神石、雁南飞大道、茶艺表演、笑傲江湖瀑布、龙那山生态谷、仙茶阁等

旅游旺季：四季皆宜

分界洲岛

位置：海南陵水黎族自治县

特色：这座浮在南海上的美丽岛屿，有明亮的海沙，湛蓝的大海，以及热带原始岛屿特有的地貌、稀有的海洋生物资源。

主要看点：除了美丽海景，还可玩潜水、海钓、摩托艇等海洋旅游项目，还有中国唯一一艘海底观光潜水艇。

旅游旺季：冬季、春季

岳阳楼

位置：湖南省岳阳市

特色：君山岛为洞庭湖中的小岛，岳阳楼位于岳阳古城城墙之上，下瞰洞庭，前望舟山，是江南三大名楼之一。

主要看点：三醉亭、仙梅亭、怀甫亭、小乔墓、飞来钟、二妃墓、龙涎井等

旅游旺季：5~10月

百里杜鹃国家森林公园

位置：贵州省毕节市百里杜鹃景区

特色：地球上最大的原始杜鹃林带，分布杜鹃花60多个品种，世界上最大的天然花园。

主要看点：百花坪、锦鸡箐、画眉岭、览胜峰、云台岭、移山湖、米底河、百里杜鹃湖等

旅游旺季：春季

小小三峡

位置：重庆巫山县小三峡-小小三峡景区

特色：小三峡是大宁河下游龙门峡、巴雾峡、滴翠峡的总称；小小三峡在大宁河滴翠峡处的支流马渡河上，是长滩峡、秦王峡、三撑峡的总称。

主要看点：神女峰、古栈道遗址、巴雾峡悬棺、陆游洞等

旅游旺季：冬季、春季

槟榔谷黎家风情

位置：海南省保亭县槟榔谷黎苗文化旅游区

特色：风景秀丽，以热带雨林为主，居民以黎族为主，是海南民族文化的“活化石”。

主要看点：《槟榔·古韵》大型实景演出、黎苗风味饮食文化体验区、谷银苗家文化体验区、非遗村文化体验区、百年古黎村文化体验区等

旅游旺季：冬季、春季

阆中古城华光楼

位置：四川省阆中市阆中古城景区

特色：古城已有2300多年的建城历史，为古代巴国蜀国军事重镇。

主要看点：张飞庙、五龙庙、川北道贡院、滕王阁、锦屏山等

旅游旺季：春季、秋季

剑门关

位置：四川省广元市剑阁县剑门关景区

特色：居于大剑山中断处，两旁断崖峭壁，直入云霄，两壁相对，其状似门，故称“剑门”，享有“剑门天下险”之誉。

主要看点：剑门关关楼、孔明立关像、刘备过关像、剑门栈道、石笋峰、梁山寺等

旅游旺季：春季、秋季

附录

有些地方，今生必须要去一次。除此前外，这里还有68个5A景区，68段美丽旅途，在等你。

黑山谷峡谷

位置：重庆市黑山谷景区

特色：景区山高林密、人迹罕至，是目前重庆地区最大的、原始生态保护最为完好的自然生态风景区。

主要看点：十里峡谷、鱼跳峡、飞鱼瀑

旅游旺季：四季皆宜，夏季可避暑

都江堰

位置：四川省成都市都江堰-青城山景区

特色：是全世界迄今为止年代最久、仍在使用的大型水利工程。青城山是道教名山，以幽静秀丽闻名。

主要看点：都江堰水利工程、二王庙、伏龙观、安澜索桥，青城山建福宫、天师洞、上清宫等

旅游旺季：四季皆宜

乐山大佛

位置：四川省乐山市乐山大佛景区

特色：大佛为弥勒佛坐像，通高71米，是中国最大的一尊摩崖石刻造像。

主要看点：乐山大佛、巨型睡佛、东方佛都、灵宝塔、凌云禅院、海师洞、凌云栈道等

旅游旺季：春季、秋季

昆明石林

位置：云南省昆明市石林风景区

特色：以岩溶地貌为主体，奇石拔地而起，参差峰峦，千姿百态，是大自然鬼斧神工的杰作。

主要看点：石林湖、大石林、小石林、阿诗玛等

旅游旺季：四季皆宜

玉龙雪山

位置：云南省丽江市玉龙纳西族自治县

特色：玉龙雪山的13峰终年积雪不化，如一条矫健的玉龙横卧山巅，有一跃而入金沙江之势，故名“玉龙雪山”。

主要看点：玉柱擎天、云杉坪、雪山索道、黑水河、白水河、蓝月谷及宝山石头城等

旅游旺季：冬季、春季

崇圣寺三塔

位置：云南省大理白族自治州

特色：三塔由一大两小三座佛塔组成，西对苍山，东向洱海，雄浑壮丽。

主要看点：千寻塔、倒影池、三圣金像、望海楼等

旅游旺季：四季皆宜

黄龙五彩池

位置：四川省阿坝藏族羌族自治州黄龙景区
特色：黄龙山雄峡峻，因沟中有许多彩池变幻出五彩的颜色，被誉为“人间瑶池”。
主要看点：黄龙沟、迎宾池、飞瀑流辉、洗身洞、盆景池、黄龙寺等
旅游旺季：秋季

夜晚喷泉后的大雁塔

位置：陕西省西安市大雁塔-大唐芙蓉园景区
特色：大雁塔是唐代玄奘为保存由天竺带回长安的经卷、佛像而主持修建；大唐芙蓉园是仿唐代园林重建。
主要看点：大雁塔，大唐芙蓉园的紫云楼、仕女馆、御宴宫、杏园、芳林苑、凤鸣九天剧院、唐市等。
旅游旺季：春季、夏季

华山

位置：陕西省华阴市
特色：西岳华山为古之名山，以雄奇险峻著称，古语云“自古华山一条路”。
主要看点：西岳庙、金锁关、苍龙岭、长空栈道、千尺幢、百尺峡、鹞子翻身、老君犁沟等
旅游旺季：4~10月

大昭寺

位置：西藏自治区拉萨市
特色：大昭寺是一座藏传佛教寺院，融合了藏、唐、尼泊尔、印度的建筑风格，成为藏式宗教建筑的典范。
主要看点：弥勒佛殿、观音菩萨殿、祖孙三法王殿、度母殿、唐蕃会盟碑、大昭寺金顶等
旅游旺季：5~10月

天山天池

位置：新疆阜康市境内天山天池景区
特色：天山天池湖面海拔1910米，湖滨云杉环绕，雪峰辉映，非常壮观，为避暑和旅游胜地。
主要看点：天池石门、西小天池、西小天池瀑布、东小天池、东小天池泻水瀑布、天镜浮空等
旅游旺季：夏季、秋季

葡萄沟

位置：新疆吐鲁番市葡萄沟景区
特色：葡萄沟是火焰山下的一处峡谷，因盛产葡萄而得名，是避暑、观光胜地。
主要看点：葡萄庄园、王洛宾音乐艺术馆、达瓦孜、阿凡提庄园、民族风情园等
旅游旺季：8月葡萄成熟季

附录

有些地方，今生必须要去一次。除此前外，这里还有68个5A景区，68段美丽旅途，在等你。

麦积山

位置：甘肃省天水市

特色：麦积山石窟有窟龛194个，泥塑、雕造像7800余尊，壁画1000余平方米。

主要看点：由麦积山、仙人崖、石门、曲溪、街亭温泉五个子景区180多个景点组成。

旅游旺季：夏季

月牙泉

位置：甘肃省敦煌市鸣沙山月牙泉景区

特色：鸣沙山和月牙泉是大漠戈壁中一对孪生姐妹，“山以灵而故鸣，水以神而益秀”。

主要看点：鸣沙山、月牙泉

旅游旺季：5~10月

喀纳斯湖

位置：新疆阿勒泰地区布尔津县喀纳斯景区

特色：喀纳斯景区是集冰川、湖泊、森林、草原、牧场、河流、民族风情、珍稀动植物于一体的综合景区，被誉为“东方瑞士、摄影师天堂”。

主要看点：喀纳斯湖、卧龙湾、越橘岛、泰加林廊道、白哈巴村、那仁草原等

旅游旺季：6月、9月

那拉提草原风光

位置：新疆伊犁地区新源县那拉提景区

特色：景区地处天山腹地，自南向北由高山草原观光区、哈萨克民俗风情区、旅游生活区组成。

主要看点：夏牧场、柯孜拉霞瀑布、望天洞

旅游旺季：6~9月

沙坡头驼队

位置：宁夏回族自治区中卫市沙坡头景区

特色：沙坡头集大漠、黄河、高山、绿洲为一处，具西北风光之雄奇，兼江南景色之秀美。

主要看点：在沙漠区滑沙、骑骆驼；在黄河区玩滑索、坐羊皮筏子

旅游旺季：7~11月

青海湖鸟岛

位置：青海省海南藏族自治州青海湖景区

特色：是中国最大的内陆湖、咸水湖，比太湖大一倍还要多。

主要看点：青海湖、二郎剑景区、环湖西路、鸟岛等

旅游旺季：夏季

可可托海秋色

位置：新疆阿勒泰地区富蕴县可可托海景区

特色：以优美的峡谷河流、山石林地、矿产资源、寒极湖泊和奇异的地震断裂带为自然景色，为避暑和旅游胜地。

主要看点：可可苏里、伊雷木湖、白桦林、百花草场、神钟山等

旅游旺季：8~10月

天山大峡谷天鹅湖

位置：新疆乌鲁木齐县天山大峡谷景区

特色：天山大峡谷囊括了除沙漠以外的新疆所有自然景观，是游牧文化的活博物馆。

主要看点：天鹅湖、照壁山、乔亚草场、进山沟、五道凹沟、牛轭湖沟等

旅游旺季：夏季

图说天下·国家地理系列

今生要去的100个中国5A景区